宋天香書院刊監本纂圖重言重意互注論語

三國魏 何晏集解 唐 陸德明釋文

宋劉氏天香書院刻本（楊守敬、袁克文跋）

山東人民出版社·濟南

圖書在版編目（CIP）數據

宋天香書院刊監本纂圖重言重意互注論語 /(三國魏) 何晏集解;(唐)陸德明釋文 .— 濟南 : 山東人民出版社 , 2024.3
（儒典）
ISBN 978-7-209-14353-0

Ⅰ. ①宋… Ⅱ. ①何… ②陸… Ⅲ. ①《論語》- 注釋 Ⅳ. ① B222.22

中國國家版本館 CIP 數據核字（2024）第 038887 號

項目統籌：胡長青
責任編輯：劉嬌嬌
裝幀設計：武　斌
項目完成：文化藝術編輯室

宋天香書院刊監本纂圖重言重意互注論語
〔三國魏〕何晏集解　〔唐〕陸德明釋文

主管單位　山東出版傳媒股份有限公司
出版發行　山東人民出版社
出 版 人　胡長青
社　　址　濟南市市中區舜耕路517號
郵　　編　250003
電　　話　總編室（0531）82098914
　　　　　市場部（0531）82098027
網　　址　http://www.sd-book.com.cn
印　　裝　山東華立印務有限公司
經　　銷　新華書店

規　　格　16開（160mm×240mm）
印　　張　11
字　　數　88千字
版　　次　2024年3月第1版
印　　次　2024年3月第1次
ISBN 978-7-209-14353-0
定　　價　26.00圓

#《儒典》選刊工作團隊

學術顧問　杜澤遜　李振聚　徐　泳

項目統籌　胡長青

責任編輯　劉　晨　劉嬌嬌　張艷艷

呂士遠　趙　菲　劉一星

前言

中國是一個文明古國、文化大國，中華文化源遠流長，博大精深。在中國歷史上影響較大的是孔子創立的儒家思想，因此整理儒家經典、注解儒家經典，爲儒家經典的現代化闡釋提供权威、典范、精粹的典籍文本，是推進中華優秀傳統文化創造性轉化、創新性發展的奠基性工作和重要任務。

中國經學史是中國學術史的核心，歷史上創造的文本方面和經解方面的輝煌成果，大量失傳了。西漢是經學的第一個興盛期，除了當時非主流的《詩經》毛傳以外，其他經師的注釋後來全部失傳了。東漢的經解祇有鄭玄、何休等少數人的著作留存下來，其餘也大都失傳了。南北朝至隋朝興盛的義疏之學，其成果僅有皇侃《論語疏》幸存於日本。五代時期精心校刻的《九經》、北宋時期國子監重刻的《九經》以及校刻的單疏本，也全部失傳。南宋國子監刻的單疏本，我國僅存《周易正義》、《爾雅疏》、《春秋公羊疏》（三十卷殘存七卷）、《春秋穀梁疏》（十二卷殘存七卷），日本保存了《尚書正義》、《毛詩正義》、《禮記正義》（七十卷殘存八卷）、《周禮疏》（日本傳抄本）、《春秋公羊疏》（日本傳抄本）、《春秋正義》（日本傳抄本）。南宋兩浙東路茶鹽司刻八行本，我國保存下來的有《周禮疏》、《禮記正義》、《春秋左傳正義》（紹興府刻）、《論語注疏解經》（二十卷殘存十卷）、《孟子注疏解經》（存臺北『故宫』），日本保存有《周易注疏》《尚書正義》（凡兩部，其中一部被清楊守敬購歸）。南宋福建刻十行本，我國僅存《春秋穀梁注疏》、《春秋左傳注疏》（六十卷，一半在大陸，一半在臺灣），日本保存有《毛詩注疏》《春秋左傳注疏》。從這些情況可以看出，經書代表性的早期注釋和早期版本國内失傳嚴重，有的僅保存在東鄰日本。

鑒於這樣的現實，一百多年來我國學術界、出版界努力搜集影印了多種珍貴版本，但是在系統性、全面性和準確性方面都還存在一定的差距。例如唐代開成石經共十二部經典，石碑在明代嘉靖年間地震中受到損害，明代萬曆初年西安府學等學校師生曾把損失的文字補刻在另外的小石上，立於唐碑之旁。近年影印出版唐石經拓本多次，都是以唐代石刻與明代補刻割裂配補的裱本爲底本。由於明代補刻采用的是唐碑的字形，這種配補本難以區分唐刻與明代補刻，不便使用，亟需單獨影印唐碑拓本。

爲把幸存於世的、具有代表性的早期經解成果以及早期經典文本收集起來，系統地影印出版，我們規劃了《儒典》編纂出版項目。

《儒典》出版後受到文化學術界廣泛關注和好評，爲了滿足廣大讀者的需求，現陸續出版平裝單行本。共收録一百十一種元典，共計三百九十七册，收録底本大體可分爲八個系列：經注本（以開成石經、宋刊本爲主。開成石經僅有經文，無注，但它是用經注本删去注文形成的）、經注附釋文本、纂圖互注本、單疏本、八行本、十行本、宋元人經注系列、明清人經注系列。

《儒典》是王志民、杜澤遜先生主編的。本次出版單行本，特請杜澤遜、李振聚、徐泳先生幫助酌定選目。特此説明。

二〇二四年二月二十八日

目録

論語序

陸德明音義曰此是何晏上集解之序今亦隨本音之

敘曰漢中壘校尉劉向（壘力軌反校戶教反向舒尚反）言魯論語二十篇皆孔子弟子記諸善言也大子大傅夏侯勝（大子大傅並音泰夏戶雅反勝音升或升證反）前將軍蕭望之丞相韋賢（相息亮反）及子玄成等傳之（傳直專反下同）齊論語二十二篇其二十篇中章句頗多於魯論（頗破可反）琅邪王卿（琅音郎本或作瑯邪似嗟反又也嗟反）及膠東庸生（膠音交又琅邪膠東皆郡名）昌邑中尉王吉皆以教授故有魯論有齊論魯共王時嘗欲以孔子宅為宮壞得古文論語（壞音怪）齊

論有問王知道多於魯論二篇古論亦無此二篇分堯曰下章子張問以爲一篇有兩子張凡二十一篇篇次不與齊魯論同安昌侯張禹本受魯論兼講齊說善者從之號曰張侯論爲世所貴包氏周氏章句出焉古論唯博士孔安國爲之訓解而世不傳至順帝時南郡太守馬融亦爲之訓說（太守音泰下太常同守音手又反）漢末大司農鄭玄就魯論篇章考之齊古爲之注（注本又作註之戍反又張住反）近故司空陳羣太常王肅博士周生烈皆爲義說前世傳受師說雖有異同不爲訓解中間爲之

訓解。至于今多矣，所見不同，互有得失。今集諸家之善，記其姓名，有不安者，頗為改易。頗為于為反名曰論語集解。論語論如字，綸也，輪也，理也，次也，撰也，君子述曰語，撰次孔子荅弟子及時人之語也。鄭玄云：仲弓、子游、子夏等撰。集，解佳買反，何晏集孔安國、馬融、包咸、周氏、鄭玄、陳羣、王肅、周生烈之義，并下己意，故謂之集解。光禄大夫關内侯臣孫邕、光禄大夫臣鄭沖、散騎常侍中領軍安鄉亭侯臣曹羲、侍中臣荀顗、尚書駙馬都尉關内侯臣何晏等上。

劉氏天香書院之記

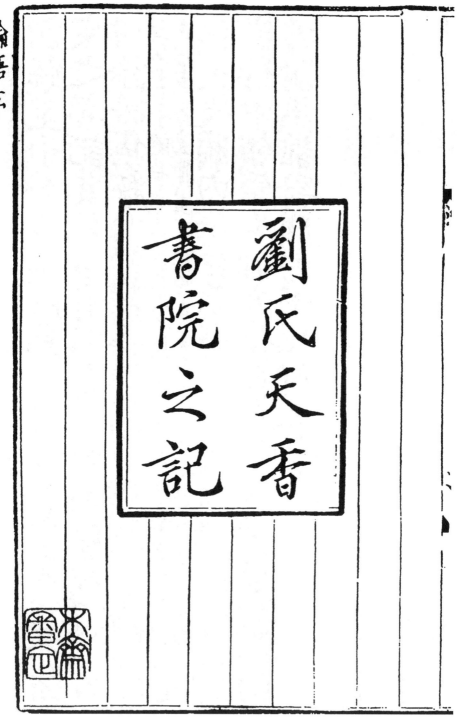

魯國城

語一

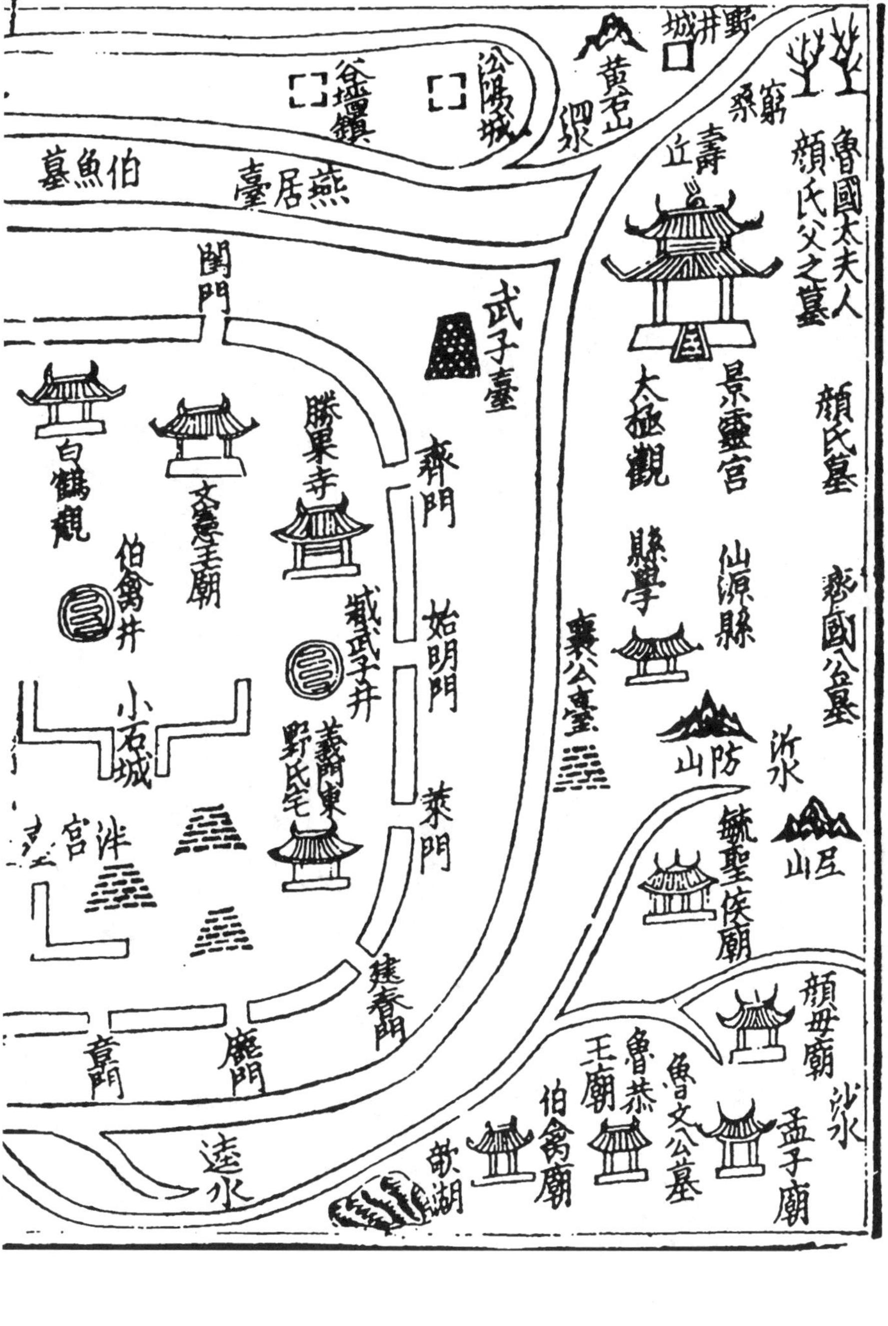

野井城
黃山
窮桑
壽丘
魯國太夫人
顏氏父之墓
汶陽城
伯魚墓
燕居臺
闕門
武子臺
景靈宮
太極觀
顏氏墓
郕國公墓
仙源縣
縣學
防山
沂水
尼山
毓聖侯廟
顏母廟
泗水
孟子廟
魯文公墓
魯恭王廟
伯禽廟
逵水
白鶴觀
伯禽井
勝果寺
小石城
泮宮
齊門
始明門
萊門
建春門

五

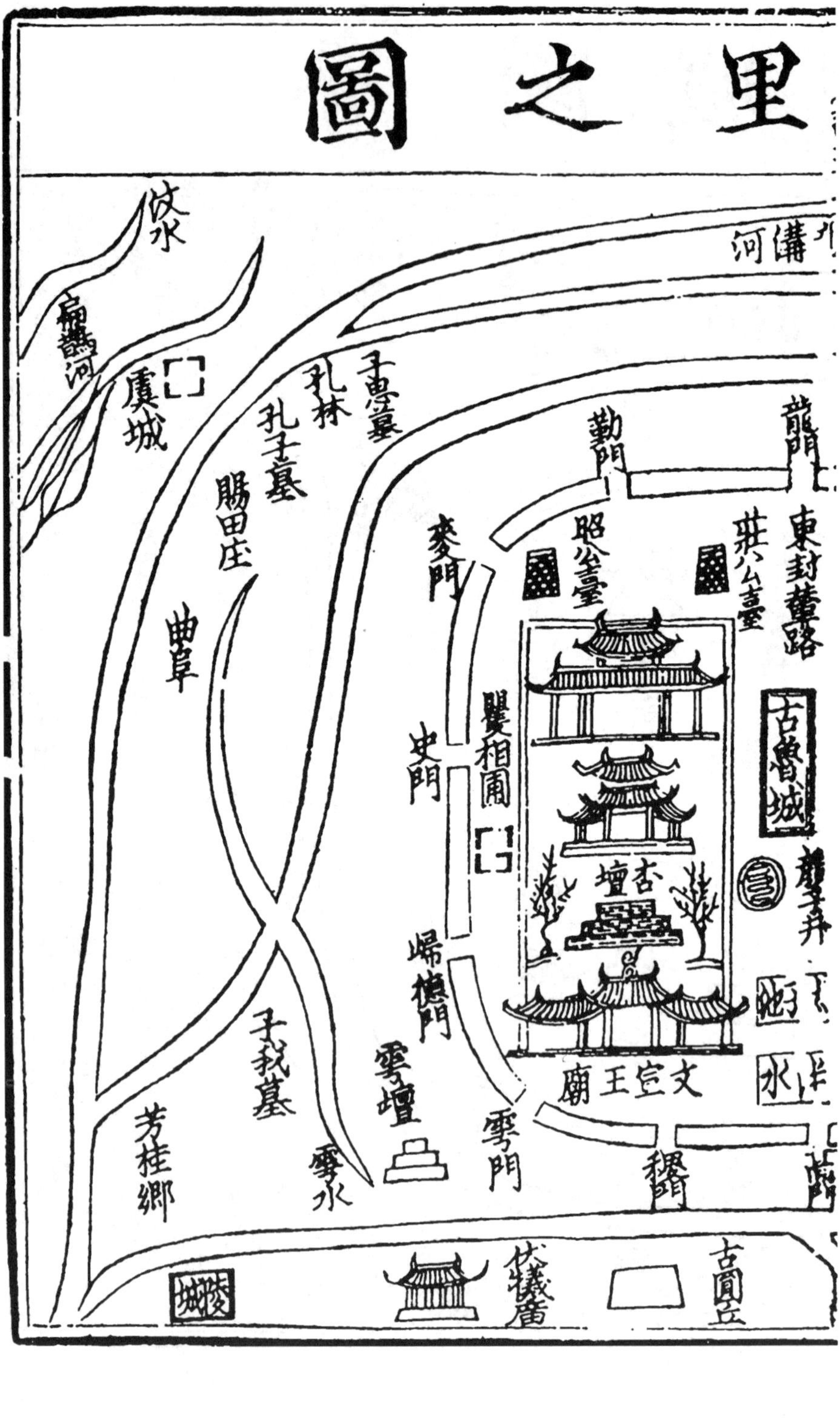
里之圖
汶水
虞城
孔林
子思墓
孔子墓
賜田庄
曲阜
勤門
龍門
昭公臺
莊公臺
東封輦路
古魯城
瞿相圃
史門
杏壇
歸德門
文宣王廟
子我墓
雩壇
雩門
雩水
芳桂鄉
伏羲廟
古圓丘

監本纂圖重言重意互註論語卷上

學而第一 凡十六章。陸氏音義曰以學爲首者明人必須學也 集解 音義作何晏集解

子曰。學而時習之不亦說乎 馬曰子者男子之通稱謂孔子也王曰時者學者以時誦習之誦習以時學無廢業所以爲說懌（說）音悅注同（誦）尺證反（懌）音亦 有朋自遠方來

不亦樂乎 包曰同門曰朋（朋）蒲弘反（樂）音洛譙周云悅深而樂淺一云自內曰悅自外曰樂 人不

知而不慍。不亦君子乎 慍怒也凡人有所不知君子不怒（慍）紆問反鄭云怨也 ○

有子曰 孔曰弟子有若 其爲人也孝悌。而好犯上者鮮矣

鮮少也上謂凡在己上者言孝弟之人必恭順好欲犯其上者少也（弟）大計反下同（好）呼報反下及注同（鮮）仙善反下及注同

（重言）鮮矣三本篇里仁陽貨各一（重意）里仁以約失之者鮮矣衛靈公由知德者鮮矣 不好犯上。

而好作亂者。未之有也。君子務本。本立而道生

本基也基立而後可大成孝悌也者其爲仁之本與先能事父兄然後仁道可
大成[與]音餘○子曰巧言令色鮮矣仁包曰巧言好其言語令色善其顏色皆欲
令人說之少能有仁[欲]令力呈反[重言]巧言令色鮮矣仁二本篇陽貨各一[重意]公冶長巧言令色足恭○
曾子曰馬曰弟子曾參所金反又七南反[參]吾日三省吾身爲人謀而
不忠乎與朋友交而不信乎傳不習乎言凡所傳之事得無
素不講習而傳之[三]息暫反又如字[省]息井反視也鄭云思察己之所行也[爲]于僞反又如字[傳]直專反注同[重意]與朋
友交而不信乎下文與朋友交言而有信○子曰道千乘之國馬曰道謂爲政教司馬法
六尺爲步步百爲畝畝百爲夫夫三爲屋屋三爲井井十爲通通十爲成成出革車一乘然則千乘之賦其地千成居地方三
百一十六里有畸唯公侯之封乃能容之雖大國之賦亦不足過焉包曰道治也千乘之國者百里之國也古者井田方里爲
井十井爲乘百里之國適千乘也融依周禮包依王制孟子義疑故兩存焉[道]音導注及下同[乘]繩證反注同千乘大國之賦

也(畸)居宜反(國)劉 守用反又如字 敬事而信 包曰為國者舉事必敬慎與民必誠信 節用而愛人 包曰節用不奢侈國以民為本故愛養之(侈)尺紙反又音尺氏反 使民以時 包曰作使民必以其時不妨奪農務 ○子曰弟子入則孝出則弟謹而信汎愛衆而親仁行有餘力則以學文 馬曰文者古之遺文(汎)芳劍反(行)徐下孟反 ○子夏曰賢賢易色 孔曰子夏弟子卜商也言以好色之心好賢則善 事父母能竭其力事君能致其身 孔曰盡忠節不愛其身(夏)戶雅反(盡)津忍反 與朋友交言而有信雖曰未學吾必謂之學矣 (重意)與朋友交言而有信上文與朋友交而不信乎 ○子曰君子不重則不威學則不固 孔曰固蔽也一曰言人不能敦重既無威嚴學又不能堅固識其義理 主忠信毋友不如己者過則勿憚改 鄭曰主親也憚難也(憚)徒旦反(難)乃旦

[重言]主忠信三本篇子罕顏淵各一。如己者過則勿憚改二本篇子罕各一。○曾子曰。

愼終追遠。民德歸厚矣。孔曰愼終者喪盡其哀追遠者祭盡其敬君能行此二者民化其德皆歸於厚也。○子禽問於子貢曰。夫子至於是邦也。

必聞其政。求之與。抑與之與。鄭曰子禽弟子陳亢也子貢弟子姓端木名賜亢怪孔子所至之邦必與聞其國政求而得之邪抑人君自願與之爲治[之與]音餘下之與同[抑與]上於力反下如字[亢]音剛又苦浪反[必與]與音預[爲治]直吏反

子貢曰。夫子溫良恭儉讓以得之。

夫子之求之也。其諸異乎人之求之與。鄭曰言夫子行此五德而得之與人求之異明人君自與之。○子曰。父在觀其志。父沒觀其

行。孔曰父在子不得自專故觀其志而已父沒乃觀其行三年無改於父之道。可

謂孝矣。孔曰孝子在喪哀慕猶若父存無所改於父之道[重言]三年無改於父之道可謂孝矣二本篇里

仁各[互註]記祭義父母全而生之子全而歸之可謂孝矣又不辱其身不羞其親可謂孝矣又坊記論語曰三年無改於父之道可謂孝矣

○有子曰禮之用和爲貴先王之道斯爲美小大由之有所不行知和而和不以禮節之亦不可行也馬曰人知禮貴和而每事從和不以禮爲節亦不可行[互註]記儒行禮之以和爲貴又表記禮以節之

○有子曰信近於義言可復也復猶覆也義不必信信非義也以其言可反覆故曰近義恭近於禮遠恥辱也恭不合禮非禮也以其能遠恥辱故曰近禮[互註]記表記子曰恭近禮儉近仁信近情[遠]于萬反因不失其親亦可宗也孔曰因親也言所親不失其親亦可宗敬

○子曰君子食無求飽居無求安鄭曰學者之志有所不暇敏於事而愼於言就有道而正焉可謂好學也已孔曰敏疾也有道有道德者正謂問事是非[重言]可謂好學

也已二後見子張多矣字 互註 記緇衣故言必慮其所[illegible]行必稽其所敝則民謹於言而慎於行。○子貢

曰。貧而無諂。冨而無驕。何如。子曰。可也。孔曰未足多諂勑撿

反 重意 冨而無驕盡問冨而無驕易。何如十九公治長賜也 何如求也何如赤也何如其知也又必以告新令、

尹何如又違之何如雍也而能濟衆何如先進求爾何如赤爾 何如點爾何如夫三子者之言何如顏淵如殺無道以就有道

何如又子張問士何如斯可謂之達矣子路何如斯可謂之士 矣凡二又今之從政者何如又鄉人皆好之何如鄉人皆惡之

何如憲問以德報怨何如 堯曰何如斯可以從政矣 重言 可也二本篇 雍也各一 重意 雍也仲弓問 子桑伯子子

曰可也簡先進小子鳴鼓而攻之可也子 路期月而已可也子張小德出入可也 末若貧而樂冨

而好禮者也 鄭曰樂謂志於道不以貧為憂 苦 樂 音洛注同 好 呼報反下同 子貢曰。詩

云。如切如磋。如琢如磨。其斯之謂與。孔曰能貧而樂道冨而好

禮者能自切磋琢磨 磋 七多反 磨 末多反治骨 曰切治象曰磋治玉曰琢治石曰巳 與 音餘 重言 其斯之謂 與二本篇

季氏各一【互註】記大學如切如磋者道學也如琢如磨者自脩也子曰賜也始可與言詩已矣告諸往而知來者孔曰諸之也子貢知引詩以成孔子義善取類故然之往告之以貧而樂道來荅以切磋琢磨【重言】始可與言詩已矣二本篇八佾各一。子曰不患人之不己知患不知人也王曰徒患己之無能【重言】不患人之不己知二本篇憲問各一【重意】里仁不患莫己知求爲可知也衛靈君子病無能焉不病人之不己知也

爲政第二

凡二十四章○音義曰先學而而後從政故爲政次學而也

子曰爲政以德譬如北辰居其所而衆星共之包曰德者無爲猶北辰之不移而衆星共之【共】求用反鄭作拱俱勇反拱手也○子曰詩三百孔曰篇之大數一言以蔽之包曰蔽猶當也【蔽】必世反【當】丁浪反又如字曰思無邪包曰歸於正【邪】以嗟反○子曰道之以政孔曰政謂法教【道】音導齊之以刑

馬曰齊整之以刑罰民免而無恥孔曰免苟免道之以德包曰德謂道德齊之以禮有恥且格格正也（格）加百反鄭云來也（互註）記緇衣子曰夫民教之以德齊之以禮則民有格心教之以政齊之以刑則民有遯心。

子曰吾十有五而志于學。三十而立有所成立四十而不惑孔曰不疑惑五十而知天命孔曰知天命之始終六十而耳順鄭曰耳聞其言而知其微旨七十而從心所欲不踰矩馬曰矩法也從心所欲無非法。

孟懿子問孝孔曰魯大夫仲孫何忌懿謚也（重意）孟懿子問孝孟武伯問孝子游問孝子夏問孝並本篇子曰無違樊遲御子告之曰孟孫問孝於我我對曰無違鄭曰恐孟孫不曉無違之意將問於樊遲故告之樊遲弟子樊須樊遲曰何謂也子曰生事之以禮死葬之以禮祭之以禮（重言）何謂也六八佾二本

（鄕里仁一顏淵憲問各一　〔互註〕孟滕文公上曾子曰生事之以禮死葬之以禮祭之以禮可謂孝矣。）○孟武伯問孝。子曰。父母唯其疾之憂（馬曰武伯懿子之子仲孫彘武謚也言孝子不妄爲非唯疾病然後使父母憂）○子游問孝（孔曰子游弟子姓言名偃）子曰。今之孝者。是謂能養。至於犬馬。皆能有養。不敬何以別乎（包曰犬以守禦馬以代勞皆養人者一曰人之所養乃至於犬馬不敬則無以別孟子曰食而不愛豕交之愛而不敬獸畜之〔養〕羊尚反下及注養人同〔別〕彼列反注同　〔互註〕記坊記子云小人皆能養其親君子不敬何以辨○）子夏問孝。子曰。色難（包曰色難者謂承順父母顏色乃爲難）有事弟子服其勞。有酒食。先生饌（馬曰先生謂父兄饌飲食也〔食〕音嗣〔饌〕士眷反）曾是以爲孝乎（馬曰孔子喻子夏服勞先食汝謂此爲孝乎未孝也承順父母顏色乃爲孝也〔曾〕音增）○子曰。吾與回言。終日不違如愚（孔曰回弟子姓顏名回字子淵魯人也不違者無所怪問於孔子之言默而識之如愚退而省其私。亦足以發。回也不愚孔曰察其退還與二三子說釋道義發明大體知其不愚。子曰。視其所以以用也言視其所行用觀其所由由經也言觀其所經從察其所安。人焉廋哉孔曰廋匿也言觀人終始安所匿其情焉於虔反下同廋所留反。子曰。溫故而知新。可以爲師矣溫尋也尋繹故者又知新者可以爲師矣溫烏門反繹音亦。

互註記中庸溫故而知新敦厚以崇禮

○子曰。君子不器包曰器者各周其用至於君子無所不施。○子貢問君子。子曰。先行其言。而後從之孔曰疾小人多言而行之不周

重意顏淵司馬牛問君子憲問子路問君子

○子曰。君子周而不比孔曰忠信爲周阿黨爲比比毗志反下同小人比而不周。○子曰。學而不思則罔包曰學不尋思其義則罔然無所得思而不學則殆不學而思

終卒文、得徒使人精神疲怠。(殆)音待，依義當作怠。○子曰：攻乎異端，斯害也已。攻治也。善道有統，故殊塗而同歸；異端不同歸也。○子曰：由，誨女知之乎？孔曰：弟子，姓仲，名由，字子路。(女)音汝。知之爲知之，不知爲不知，是知也。(知)也如字，又音智。○子張學干祿。鄭曰：弟子，姓顓孫，名師，字子張。干，求也。祿，祿位也。(顓)音專。子曰：多聞闕疑，愼言其餘，則寡尤。包曰：尤，過也。疑則闕之，其餘不疑，猶愼言之，則少過。多見闕殆，愼行其餘，則寡悔。包曰：殆，危也。所見危者，闕而不行，則少悔。言寡尤，行寡悔，祿在其中矣。鄭曰：言行如此，雖不得祿，亦同得祿之道。(行)下孟反。注同。(重意)衛靈公：子曰學也，祿在其中矣。述而：樂亦在其中矣。子路：直在其中矣。子張：仁在其中矣。○哀公問曰：何爲則民服？包曰：哀公，魯君謚。孔子對曰：舉直錯諸枉，則民服。包曰：錯，置也。舉正直之人用之，廢置邪枉之人，則民服其上。(錯)七路反[illegible]往[illegible]。○

重言舉直錯諸枉三本篇一顔淵二舉枉錯諸直則民不服。季康子問使民敬忠以勸如之何孔曰魯卿季孫肥康謚重言如之何四本篇八佾顔淵陽貨各一重意子罕陋如之何先進仍舊貫如之何又如之何何其聞斯行之衛靈公不曰如之何如之何者吾末如之何也已矣子張本之則無如之何又如之何其可及也子曰。臨之以莊則敬包曰莊嚴也君臨民以嚴則民敬其上孝慈則忠包曰君能上孝於親下慈於民則民忠矣舉善而教不能則勸包曰舉用善人而教不能者則民勸勉。或謂孔子曰。子奚不爲政包曰或人以爲居位乃是爲政子曰。書云孝乎。惟孝友于兄弟。施於有政。是亦爲政。奚其爲爲政包曰孝乎惟孝美大孝之辭友于兄弟善於兄弟施行也所行有政道卽與爲政同。子曰。人而無信。不知其可也孔曰言人而無信其餘終無可大車無輗。小車無軏。

其何以行之哉包曰大車牛車輗者轅端橫木以縛軛小車駟馬車軏者轅端上曲鉤衡（車）音居（輗）五兮反（軏）五忽反又音月（軛）音厄〇子張問十世可知也孔曰文質禮變（重言）可知也四連見下文子曰。殷因於夏禮。所損益可知也。周因於殷禮。所損益可知也馬曰所因謂三綱五常所損益謂文質三統（夏）戶雅反其或繼周者。雖百世可知也物類相召世數相生其變有常故可預知。子曰。非其鬼而祭之。諂也鄭曰人神曰鬼非其祖考而祭之是諂求福（諂）丑琰反見義不爲。無勇也孔曰義所宜爲而不能爲是無勇

八佾第三凡二十六章自前篇二十三章以後通盡此篇皆論禮樂祭祀之事

孔子謂季氏。八佾舞於庭。是可忍也。孰不可忍也馬曰孰誰也佾列也天子八佾諸侯六卿大夫四士二八人爲列八八六十四人魯以周公故受王者禮樂（佾）

之舞季桓子僭於其家廟舞之故孔子譏之(佾)音逸○三家者以雍徹馬曰三家謂仲孫叔孫季孫雍周頌臣工篇名天子祭於宗廟歌之以徹祭今三家亦作此樂(雍)於容反(徹)直列反子曰相維辟公天子穆穆奚取於三家之堂包曰辟公謂諸侯及二王之後穆穆天子之容貌雍篇歌此者有諸侯及二王之後來助祭故也今三家但家臣而已何取此義而作之於堂邪(相)息亮反(辟)必亦反注同○子曰人而不仁如禮何人而不仁如樂何包曰言人而不仁必不能行禮樂【重言】人而不仁二本篇一泰伯一如禮何二本篇里仁各一【重意】泰伯人而不仁疾之已甚亂也○林放問禮之本鄭曰林放魯人子曰大哉問禮與其奢也寧儉喪與其易也寧戚包曰易和易也言禮之本意失於奢不如儉喪失於和易不如哀戚(易)以豉反【重意】大哉問泰伯大哉堯之爲君子罕大哉孔子○子曰夷狄之有君不如諸夏之亡也包曰諸夏中國亡無也○季氏旅

於泰山。子謂冉有曰。女弗能救與 馬曰旅祭名也禮諸侯祭山川在其封內者今陪臣祭泰山非禮也冉有弟子冉求時仕於季氏救猶止也〔女〕音汝〔與〕音餘 對曰。不能。子曰。嗚呼。曾謂泰山不如林放乎 包曰神不享非禮林放尚知問禮泰山之神反不如林放邪欲誣而祭之〔曾〕則登反。○子曰。君子無所爭。必也射乎 孔曰言於射而後有爭 揖讓而升。下而飲 王曰射於堂升及下皆揖讓而相飲〔飲〕於鴆反注同又如字 其爭也君子 馬曰多筭飲少筭君子之所爭〔筭〕亦作筭音同〔互註〕記射義射者仁之道也射求正諸己己正而後發發而不中則不怨勝己者反求諸己而已矣孔子曰君子無所爭必也射乎揖讓而升下而飲其爭也君子 ○子夏問曰。巧笑倩兮。美目盼兮。素以爲絢兮。何謂也 馬曰倩笑貌盼目動貌絢文貌此上二句在衛風碩人之二章其下一句逸也〔倩〕七練反〔盼〕普莧反又匹莧反〔絢〕呼縣反〔重言〕何謂也六詳見爲政 子曰。繪事後素 鄭曰繪畫文也凡繪畫先布衆色然後以素分布其間以成其文喻美女雖有倩盼美質亦須禮以成之【繪】胡對反本又作繢同曰。禮後乎孔曰孔子言繪事後素子夏聞而解知以素喻禮故曰禮後乎子曰。起予者商也。始可與言詩已矣包曰予我也孔子言子夏能發明我意可與共言詩【重言】始可與言詩已矣二本篇學而各一○子曰。夏禮吾能言之。杞不足徵也。殷禮吾能言之。宋不足徵也包曰徵成也杞宋二國名夏殷之後夏殷之禮吾能說之杞宋之君不足以成也文獻不足故也。足則吾能徵之矣鄭曰獻猶賢也我不以禮成之者以此二國之君文章賢才不足故也【互註】記禮運孔子曰我欲觀夏道是故之杞而不足徵也吾得夏時焉我欲觀殷道是故之宋而不足徵也吾得坤乾焉坤乾之義夏時之等吾以是觀之又中庸子曰吾說夏禮杞不足徵也吾學殷禮有宋存焉○子曰。禘自既灌而往者。吾不欲觀之矣孔曰禘祫之禮為序昭穆故毀廟之主及羣廟之主皆合食於太祖灌者酌鬱鬯灌於太祖以

降神也既灌之後別尊卑序昭穆而魯逆祀躋僖公亂昭穆故不欲觀之（禘）大計反（灌）古亂反或問禘之

說。子曰。不知也孔曰荅以不知者爲魯諱（重言）不知也二本篇公冶各一知其說

者之於天下也。其如示諸斯乎。指其掌包曰孔子謂或人言知禘禮之說者於天下之事如指示掌中之物言其易了（互註）記祭統云禘嘗之義大矣治國之本也不可不知也明其義者君也能其事者臣也不明其義君人不全不能其事爲臣不全。仲尼燕居子曰明乎郊社之義嘗禘之禮治國其如指諸掌而已乎。中庸明乎郊社之禮禘嘗之義治國其如指諸掌乎。祭如在孔曰言事死如事生祭

神如神在孔曰謂祭百神子曰。吾不與祭。如不祭包曰孔子或出或病而不自親祭使攝者爲之不致肅敬於心與不祭同（與祭）音預。王孫賈問曰。與其媚

於奧。寧媚於竈。何謂也孔曰王孫賈衛大夫奧內也以喻近臣竈以喻執政賈執政者欲使孔子求昵之微以世俗之言感動之（媚）美記反（奧）烏報反西南隅（重言）何謂也六[illegible]爲政子曰。不

然獲罪於天無所禱也孔曰天以喻君孔子拒之曰如獲罪於天無所禱於衆神禱丁老反又都報反。○子曰周監於二代郁郁乎文哉吾從周孔曰監視也言周文章備於二代當從之郁於六反（互注）記中庸子曰吾學周禮今用之吾從周○子入大廟包曰大廟周公廟孔子仕魯魯祭周公而助祭也大音泰下注同每事問或曰孰謂鄹人之子知禮乎入大廟每事問孔曰鄹孔子父叔梁紇所治邑時人多言孔子知禮或人以爲知禮者不當復問ㄈ鄹側留反紇恨沒反又恨發反（重言）每事問三本篇二鄉黨一（重意）本篇然則管仲知禮乎述而陳司敗問昭公知禮乎子聞之曰是禮也孔曰雖知之當復問謹之至也（重言）子聞之六本篇二八公治一子罕二憲問一子聞之曰五本篇二八公治子罕憲問各一○子曰射不主皮馬曰射有五善焉一曰和志體和二曰和容有容儀三曰主皮能中質四曰和頌合雅頌五曰興武與舞同天子三侯以熊虎豹皮爲之言射者不但以中皮爲善亦兼取和容也爲力不同科古

之道也馬曰爲力力役之事亦有上中下設三科焉故曰不同科（科）古禾反。子貢欲去告

朔之餼羊鄭曰牲生曰餼禮人君每月告朔於廟有祭謂之朝享魯自文公始不視朔子貢見其禮廢故欲去其羊（去）起呂反注同（告）古篤反（餼）許氣反子曰賜也爾愛其羊我愛其

禮包曰羊存猶以識其禮羊亡禮遂廢。子曰事君盡禮人以爲諂也孔曰時事君者多無禮故以有禮者爲諂（盡）津忍反（諂）丑琰反。定公問君使臣臣事

君如之何孔曰定公魯君謚時臣失禮定公患之故問之（重言）如之何以爲政一本篇顏淵陽貨各一（重意）如之何六詳見爲政孔子對曰君使臣以禮臣事君以

忠。子曰關雎樂而不淫哀而不傷孔曰樂不至淫哀不至傷言其和也（雎）七餘反（樂）音洛。哀公問社於宰我宰我對曰夏后

氏以松殷人以柏周人以栗曰使民戰栗孔曰凡建

邦立社各以其土所宜之木宰我不本其意妄爲之說因周用栗便云使民戰栗子聞之曰。成事不說包曰事已成不可復解說(復)扶又反下注同(重言)子聞之六子聞之曰五並詳見上文遂事不諫包曰事已遂不可復諫止既往不咎包曰事已往不可復追咎孔子〻非宰我故歷言此三者欲使愼其後(咎)其九反○子曰。管仲之器小哉言其器量小也或曰。管仲儉乎包曰或人見孔子小之以爲謂之大儉(大)音泰又他賀反曰。管氏有三歸。官事不攝。焉得儉包曰三歸娶三姓女婦人謂嫁曰歸攝猶兼也禮國君事大官各有人大夫兼并今管仲家臣備職非爲儉(焉)於虔反然則管仲知禮乎包曰或人以儉問故答以安得儉或人聞不儉便謂爲知禮(重意)然則管仲知禮乎詳見上文曰。邦君樹塞門。管氏亦樹塞門。邦君爲兩君之好。有反坫。管氏亦有反坫鄭曰反坫反爵之坫在兩楹之間人君別內外於門樹屏以蔽之若與鄰國爲好會其獻酢之禮更酌酌畢則各反

爵於坫上今管仲皆僭為之如是是不知禮為于偽反又如字好呼報反注同坫丁念反管氏而知禮

孰不知禮重言孰不知禮二本篇述而各一。子語魯大師樂曰。樂

其可知也。始作翕如也大師樂官名五音始奏翕如盛語魚據反大師音泰注同翕許

及反鄭云變動貌從之純如也從讀曰縱言五音既發放縱盡其音聲純純和諧也從子用反鄭云

八音皆作皦如也言其音節明也皦古了反鄭云清別之貌繹如也。以成縱之以純如皦

如繹如言樂始作翕如而成於三者繹音亦鄭云志意修達之貌。儀封人請見鄭曰儀蓋衛邑封人

官名見賢遍反曰。君子之至於斯也。吾未嘗不得見也。從

者見之包曰從者弟子隨孔子行者通使得見從才用反見之賢遍反出曰。二三子何

患於喪乎。天下之無道也久矣孔曰語諸弟子言何患於夫子聖德之將

喪亡邪天下之無道也久矣極衰必盛喪息浪反重意述而二三子以我為隱乎吾無行而不與二三子者陽貨二三

子偃之言是也天將以夫子爲木鐸孔曰木鐸施政教時所振也言天將命孔子制作法度以號令於天下〔鐸〕直洛反○子謂韶盡美矣又盡善也孔曰韶舜樂名謂以聖德受禪故盡善〔韶〕常遙反〔盡〕津忍反下注同謂武盡美矣未盡善也孔曰武武王樂也以征伐取天下故未盡善○子曰居上不寬爲禮不敬臨喪不哀吾何以觀之哉

里仁第四

凡二十六章里猶鄰也言君子擇鄰而居居於仁者之里

子曰里仁爲美鄭曰里者人之所居居於仁者之里是爲美擇不處仁焉得知鄭曰求居而不處仁者之里不得爲有知〔處〕昌呂反後不音者及注同〔焉〕於虔反〔知〕音智注及下文同○

〔互註〕孟公孫丑上孟子曰矢人豈不仁於函人哉矢人唯恐不傷人函人唯恐傷人巫匠亦然故術不可不慎也孔子曰里仁爲美擇不處仁焉得知

○子曰不仁者不可以久處約孔曰久困

則爲非不可以長處樂孔曰必驕佚（樂）音洛（佚）音逸仁者安仁包曰唯性仁者自然體之故謂安仁知者利仁王曰知仁爲美故利而行之（互註）記表記仁者安仁知者利仁畏罪者強仁又曰中心安仁者天下一人而已矣。○子曰唯仁者能好人能惡人孔曰唯仁者能審人之好惡（好）呼報反注並同（惡）烏路反（互註）記大學唯仁人放流之迸諸四夷不與同中國此謂唯仁人爲能愛人能惡人。○子曰苟志於仁矣無惡也孔曰苟誠也言誠能志於仁則其餘終無惡（惡）如字注同又烏路反。○子曰富與貴是人之所欲也不以其道得之不處也孔曰不以其道得富貴則仁者不處貧與賤是人之所惡也不以其道得之不去也時有否泰故君子履道而反貧賤此則不以其道而得之雖是人之所惡不可違而去之君子去仁惡乎成名孔曰惡乎成名者不得成名爲君子（惡）音烏注同君子無終食之間違仁造次必於是顛沛必於是馬曰造次急遽顛沛偃仆雖急遽偃仆不違仁造七報反沛音貝○子曰我未見好仁者惡不仁者好仁者無以尚之孔曰難復加也好呼報反注及下同惡烏路反下注同復扶又反惡不仁者其爲仁矣不使不仁者加乎其身孔曰言惡不仁者不能使不仁者加非義於己不如好仁者無以尚之爲優有能一日用其力於仁矣乎我未見力不足者孔曰言人無能一日用其力脩仁者耳我未見欲爲仁而力不足者蓋有之矣我未之見也孔曰謙不欲盡誣時人言不能爲仁故云爲能有耳我未之見○子曰人之過也各於其黨觀過斯知仁矣孔曰黨黨類小人不能爲君子之行非小人之過當恕而勿責之觀過使賢愚各當其所則爲仁矣○子曰朝聞道夕死可矣言將至死不聞世之有道○子曰士志於道而恥惡衣惡食

者未足與議也【重意】述而志於道據於德。○子曰君子之於天下也無適也無莫也義之與比【適】丁歷反【莫】武博反范甯云適莫猶厚薄也【比】毗志反

○子曰君子懷德孔曰懷安也小人懷土孔曰重遷君子懷刑孔曰安於法小人懷惠包曰惠恩惠

○子曰放於利而行孔曰放依也每事依利而行【放】方往反注同多怨孔曰取怨之道

○子曰能以禮讓爲國乎何有何有者言不難也【重言】何有五本篇一雍也三子路一不能以禮讓爲國如禮何包曰如禮何者言不能用禮【重言】如禮何二八佾本篇各一

○子曰不患無位患所以立不患莫己知求爲可知也包曰求善道而學行之則人知己【重意】不患莫己知求爲可知也學而不患人之不己知患不知人也憲問不患人之不己知患其不能也衛靈公不病人之不己知也

○子曰參乎吾道一

以貫之。曾子曰：唯。孔曰：直曉不問，故荅曰唯。◯所金反。貫，古亂反。唯，維癸反，注同。子出。門人問曰：何謂也？曾子曰：夫子之道，忠恕而已矣。忠以事上，恕以接下，本一而已，其唯人乎。

子曰：君子喻於義，小人喻於利。孔曰：喻，猶曉也。

◯子曰：見賢思齊焉，包曰：思與賢者等。見不賢而內自省也。

◯子曰：事父母幾諫，包曰：幾者，微也。當微諫，納善言於父母。見志不從，又敬不違，勞而不怨。包曰：見志，見父母志有不從己諫之色，則又當恭敬，不敢違父母意而遂己之諫。重言 勞而不怨 二 一本篇、堯曰各一。互註 記坊記子云：從命不忿，微諫不倦，勞而不怨，可謂孝矣。

◯子曰：父母在，不遠遊，遊必有方。鄭曰：方，猶常也。互註 記坊記子云：父母在，不稱老，言孝不言慈。

◯子曰：三年無改於父之道，可謂孝矣。鄭曰：孝子在喪，哀戚思慕，無所改於父之道，非心所忍為。重言 三年無改於父之道可謂孝矣又見學而。○子曰。父母之年不可不知也。一則以喜。一則以懼孔曰見其壽考則喜見其衰老則懼。○子曰。古者言之不出。恥躬之不逮也包曰古人之言不妄出口爲身行之將不及【逮】音代又大計反【爲】于僞反。○子曰以約失之者鮮矣孔曰俱不得中奢則驕佚招禍儉約無憂患【鮮】仙善反【中】丁仲反【重言】鮮矣三又學而衛靈【重意】詳見學而。○子曰。君子欲訥於言。而敏於行包曰訥遲鈍也言欲遲而行欲疾【訥】奴忽反鄭云言欲難【行】下孟反【重意】學而敏於事而慎於言。○子曰。德不孤。必有鄰方以類聚同志相求故必有鄰是以不孤【互註】易坤卦敬義立而德不孤。○子游曰。事君數。斯辱矣。朋友數。斯疏矣數謂速數之數【數】色角反下及注同

公冶長第五

凡二十九章此篇至後篇十五章以前多評當時之善士及尚論古之人

子謂公冶長。可妻也。雖在縲絏之中。非其罪也。以其子妻之孔曰冶長弟子魯人也姓公冶名長縲黑索絏攣也所以拘罪人〔冶〕音也〔長〕如字〔妻〕七細反下同〔縲〕力追反〔絏〕息列反

〇子謂南容。邦有道不廢。邦無道免於刑戮。以其兄之子妻之王曰南容弟子南宮縚魯人也字子容不廢言見用〔戮〕音六

〔重意〕本篇甯武子邦有道則知邦無道則愚泰伯邦有道貧且賤焉恥也邦無道富且貴焉恥也憲問邦有道穀邦無道穀邦有道危言危行邦無道危行言孫衛靈公直哉史魚邦有道如矢邦無道如矢蘧伯玉邦有道則仕邦無道則可卷而懷之。〇以其兄之子妻之先進孔子以其兄之子妻之

〇子謂子賤孔曰子賤魯人弟子宓不齊君子哉若人。魯無君子者。斯焉取斯包曰若人者若此人也如魯無君子子賤安得此行而學行之〔焉〕於虔反〔行〕下孟反

〔重言〕君子哉若人二本篇憲問各一〔重意〕衛靈公君子哉蘧伯玉又信以成之君子哉

〇子貢問曰。賜也何如。子曰。女器也孔曰

言女器用之重意何如十九女音汝詳見學而曰何器也曰瑚璉也包曰瑚璉黍稷
之器夏曰瑚殷曰璉周曰簠簋宗廟之器貴者瑚音胡璉力展反○或曰雍也仁而不佞
馬曰雍弟子仲弓名姓冉子曰焉用佞禦人以口給屢憎於人
不知其仁焉用佞孔曰屢數也佞人口辭捷給數爲人所憎惡焉於虔反下同禦魚呂反數色角
反下同○子使漆彫開仕對曰吾斯之未能信孔曰開弟
子姓漆彫名開仕進之道未能信者未能究習漆音七彫丁條反子說鄭曰善其志道深說音悅○子曰
道不行乘桴浮于海從我者其由與馬曰桴編竹木大者曰栰
小者曰桴桴芳重意子罕而不恥者其由也與顏淵符反與音餘篇片言可以折獄者其由也與子路聞
之喜孔曰喜與己俱行子曰由也好勇過我無所取材鄭曰
子路信夫子欲行故言好勇過我無所取材者無所取於桴材以子路不解微言故戲之耳一曰子路聞孔子欲浮海便喜不

復顏望故孔子嘆其勇曰過我無所取哉言唯取於己古字材哉字同(好)呼報反下同(材)音才又音哉孟武伯

問子路仁乎子曰不知也孔曰仁道至大不可全名(重言)不知也二八佾本篇名一

又問子曰由也千乘之國可使治其賦也孔曰賦兵賦(乘)繩證反下注同不知其仁也求也何如子曰求也千室之邑百乘之家可使爲之宰也孔曰千室之邑卿大夫之邑卿大夫稱家諸侯千乘大夫百乘宰家臣(重言)不知其仁也本篇三何如十九詳見學而(重意)本篇不知其仁焉用佞又未知焉得仁

不知其仁也赤也何如子曰赤也束帶立於朝可使與賓客言也馬曰赤弟子公西華有容儀可使爲行人(朝)直遥反

不知其仁也○子謂子貢曰女與回也孰愈孔曰愈猶勝也(女)音汝對曰賜也何敢望回回也聞一以知十

公冶長

賜也聞一以知二。子曰。弗如也。吾與女弗如也包曰既然子貢不如復云吾與女俱不如者蓋欲以慰子貢也女音汝。宰予晝寢包曰宰予弟子宰我予羊汝反又音餘晝竹救反寢七荏反子曰。朽木不可彫也包曰朽腐也彫彫琢刻畫朽香久反彫丁條反杇房甫反糞土之牆不可杇也王曰杇鏝也此二者喻雖施功猶不成也糞弗問反杇音烏於予與何誅孔曰誅責也今我當何責於女乎深責之與音餘子曰。始吾於人也。聽其言而信其行。今吾於人也。聽其言而觀其行。於予與改是孔曰改是聽言信行更察言觀行發於宰我之晝寢行下孟反下同與音餘。子曰。吾未見剛者。或對曰。申棖包曰申棖魯人棖直庚反鄭云蓋孔子弟子申續史記云申棠字周家語云申續字周也子曰。棖也慾。焉得剛孔曰慾多情慾慾音欲或羊仕反焉於虔反。子貢曰。我不欲人之加諸我也。吾亦欲無加諸人。馬曰加陵也 子曰。賜也。
非爾所及也 孔曰言不能止人使不加非義於己 子貢曰。夫子之文
章可得而聞也 章明也文彩形質著見可以耳目循見賢遍反 夫子之言性
與天道不可得而聞也 性者人之所受以生也天道者元亨日新之道深微故不可得
而聞也亨許庚反 子路有聞。未之能行。唯恐有聞 孔曰前所聞未及行
故恐後有聞不得並行也 子貢問曰。孔文子何以謂之文也 孔曰
孔文子衛大夫孔圉文謚也 子曰。敏而好學。不恥下問。是以謂
之文也 孔曰敏者識之疾也下問謂凡在己下者好呼報反 子謂子產。有君子
之道四焉 孔曰子產鄭大夫公孫僑 其行己也恭。其事上也敬。
其養民也惠。其使民也義 子曰。晏平仲善與

人交久而敬之周曰齊大夫晏姓平謚名嬰。子曰。臧文仲居蔡包曰臧文仲魯大夫臧孫辰文謚也蔡國君之守龜出蔡地因以爲名焉長尺有二寸居蔡僭也（臧）子郎反山節藻梲包曰節者栭也刻鏤爲山梲者梁上楹畫爲藻文言其奢侈（藻）音早水草有文者也（梲）章悅反梁上短柱也何如其知也孔曰非時人謂之爲知（知）音智注同【互注】記明堂位山節藻梲復廟重檐天子之廟飾也又雜記孔子曰管仲山節而藻梲賢大夫也而難爲上也。子張問曰。令尹子文孔曰令尹子文楚大夫姓鬬名穀字於菟（穀）奴斗反或作榖三仕爲令尹。無喜色。三已之。無慍色。舊令尹之政。必以告新令尹。何如。子曰。忠矣。曰。仁矣乎。曰。未知焉得仁但聞其忠事未知其仁也慍紆問反（知）音智注及下同又如字焉於虔反下同【重言】仁矣乎曰未知焉得仁二重見下文【重意】何如十九詳見學而未知焉得仁上文不知其仁也。崔子弒齊君。陳文子有馬十乘。

棄而違之孔曰昔齊大夫崔杼作亂陳文子惡之捐其四十匹馬違而去之弒施志反乘繩證反至於他邦則曰猶吾大夫崔子也違之之一邦則又曰猶吾大夫崔子也違之何如子曰清矣曰仁矣乎曰未知焉得仁孔曰文子辟惡逆去無道求有道當春秋時臣陵其君皆如崔子無有可止者○季文子三思而後行子聞之曰再斯可矣鄭曰季文子魯大夫季孫行父文謚也文子忠而有賢行其舉事寡過不必乃三思三去聲又如字重言子聞之曰五詳見八佾○子曰甯武子馬曰衛大夫甯俞武謚也甯乃定反邦有道則知邦無道則愚其知可及也其愚不可及也孔曰佯愚似實故曰不可及也知音智下同重意邦有道邦無道七詳見上文○子在陳曰歸與歸與吾黨之小子狂簡斐然成章不知所以

裁之孔曰簡大也孔子在陳思歸欲去故曰吾黨之小子狂者進取於大道妄作穿鑿以成文章不知所以裁制我

當歸以裁之耳遂歸與並音餘斐芳匪反（互注）孟盡心下萬章問曰孔子在陳曰盍歸乎來吾黨之士狂簡進取云云孟

子曰孔子不得中道而與之必也狂猥乎狂者進取猥者有所不爲也

狂。子曰伯夷。叔齊不

念舊惡。怨是用希孔曰伯夷叔齊孤竹君之二子孤竹國名。子曰孰謂

微生高直孔曰微生姓名高魯人也或乞醯焉。乞諸其鄰而與

之孔曰乞之四鄰以應求者用意委曲非爲直人醯呼西反。子曰。巧言。令色。足恭

孔曰足恭便僻貌足將樹反又如字注同（重意）巧言令色足恭學而陽貨巧言令色鮮矣仁左丘明恥

之。丘亦恥之孔曰左丘明魯太史（重言）左丘明恥之丘亦恥之又見下文匿怨而

友其人孔曰心內相怨而外詐親匿女力反左丘明恥之。丘亦恥之。

顏淵。季路侍。子曰。盍各言爾志。子路曰。願車馬

衣輕裘。與朋友共。敝之而無憾。孔曰憾恨也〔盍〕戶臘反〔憾〕戶闇反。〔重言〕衣輕裘二本篇雍也各一〔重意〕盍各言爾志先進亦各言其志也已矣顏淵曰。願無伐善孔曰不自稱己之善無施勞孔曰不以勞事置施於人子路曰。願聞子之志。子曰。老者安之。朋友信之。少者懷之孔曰懷歸也〔少〕詩照反。子曰。已矣乎。吾未見能見其過而內自訟者也包曰訟猶責也言人有過莫能自責〔訟〕自用反〔重言〕已矣乎二本篇衛靈各一。子曰。十室之邑。必有忠信如丘者焉。不如丘之好學也

雍也第六 凡三十章

子曰。雍也可使南面包曰可使南面者言任諸侯治〔任〕音壬又而鴆反。仲弓問子桑伯子王曰伯子書傳無見焉〔桑〕子郎反子曰。可也簡孔曰以其能簡

故曰可也【重言】可也二見學而【重意】可也詳見學而仲弓曰。居敬而行簡以臨其民。不亦可乎居身敬肅臨下寬略則可〔行〕下孟反又如字下同居簡而行簡，無乃大簡乎包曰伯子之簡大簡〔大〕音泰子曰。雍之言然。○哀公問弟子孰爲好學。孔子對曰。有顏回者好學。不遷怒。不貳過。不幸短命死矣。今也則亡。未聞好學者也凡人任情喜怒違理顏回任道怒不過分遷者移也怒當其理不移易也不貳過者有不善未嘗復行〔好〕呼報反好學並同〔分〕扶問反〔當〕丁浪反〔復〕扶又反【重言】有顏回者好學二本篇先進各一○子華使於齊。冉子爲其母請粟。子曰。與之釜馬曰子華弟子公西華赤之字六斗四升曰釜〔使〕所吏反〔爲〕于僞反〔釜〕音父請益。曰。與之庾包曰十六斗曰庾〔庾〕俞甫反【重言】請益二一本篇子路各一冉子與之粟五秉馬曰十六斛曰秉五秉合爲八十斛

〔衣〕音內

子曰赤之適齊也乘肥馬衣輕裘吾聞之也君子周急不繼富鄭曰非冉有與之大多〔去〕衣於既反〔大〕音泰或吐賀反〔重言〕衣輕裘二入公公冶長本篇各一○原思爲之宰包曰弟子原憲思字也孔子爲魯司寇以原憲爲家邑宰與之粟九百辭孔曰九百九百斗辭辭讓不受子曰毋孔曰祿法所得當受無讓毋音無以與爾鄰里鄉黨乎鄭曰五家爲鄰五鄰爲里萬二千五百家爲鄉五百家爲黨○

子謂仲弓曰犂牛之子騂且角雖欲勿用山川其舍諸犂雜文騂赤色角者角周正中犧牲雖欲以其所生犂而不用山川寧肯舍之乎言父雖不善不害於子之美〔犂〕利之反又力之反耕犂之牛〔騂〕息營反〔舍〕音捨住同棄也一音赦置也○

子曰回也其心三月不違仁其餘則日月至焉而已矣餘人暫有至仁時唯回移時而不變○

季康子問仲由可使從政也與子曰由

也果（包曰果謂果敢決斷〔與〕音餘下同）於從政乎何有（〔重言〕於從政乎何有四本
篇三子路一可使從政也與三並下文）曰賜也可使從政也與曰賜也
達（孔曰達謂通於物理）於從政乎何有曰求也可使從政
也與曰求也藝（孔曰藝謂多才藝）於從政乎何有○季氏
使閔子騫爲費宰（孔曰費季氏邑季氏不臣而其邑宰數畔聞子騫賢故欲用之〔騫〕起虔反）
（〔費〕音祕）閔子騫曰善爲我辭焉（孔曰不欲爲季氏宰託使者善爲我作辭說令不復
召我〔爲〕于僞反注同）如有復我者（孔曰復我者重來召我）則吾必在汶上
矣（孔曰去之汶水上欲北如齊〔汶〕音問）○伯牛有疾（馬曰伯牛弟子冉耕）子問之自
牖執其手（包曰牛有惡疾不欲見人故孔子從牖執其手〔牖〕由久反）曰亡之（孔曰亡喪也疾
甚故持其手曰喪之〔喪〕息浪反又如字下同）命矣夫斯人也而有斯疾也

斯人也而有斯疾也包曰再言之者痛惜之甚(夫)音符。子曰賢哉

回也。一箪食一瓢飲孔曰箪笥也(箪)音丹(食)音嗣下同(瓢)婢遥反在陋巷。

人不堪其憂回也不改其樂賢哉回也孔曰顏淵樂道雖箪

食瓢飲在陋巷不改其所樂(樂)音洛注同(重言)賢哉回也二並本篇(互註)孟離婁下顏子當亂世居於陋巷一箪食

一瓢飲人不堪其憂顏子不改其樂孔子賢之。冉求曰非不說子之道力不

足也。子曰力不足者中道而廢今女畫孔曰畫止也力不足

者當中道而廢今女自止耳非力極也(說)音悅(中)如字一音丁仲反(女)音汝(互註)記表記鄉道而有中道而廢。

子謂子夏曰女爲君子儒無爲小人儒孔曰君子爲儒將以

明道小人爲儒則矜其名(女)音汝下同。子游爲武城宰包曰武城魯下邑子曰女

得人焉耳乎孔曰焉耳乎皆助辭曰有澹臺滅明者行不由

小雅云祝鮀以佞諸侯寵於靈公宋朝以美色見愛於矣語云善說仕于時在何適衛靈公史人事也

徑非公事未嘗至於偃之室也包曰澹臺姓滅明名字子羽言其公且方澹徒甘反○子曰孟之反不伐孔曰魯大夫孟之側與齊戰軍大敗不伐者不自伐其功奔而殿將入門策其馬曰非敢後也馬不進也馬曰殿在軍後前曰啓後曰殿孟之反賢而有勇軍大奔獨在後爲殿人迎功之不欲獨有其名曰我非敢在後拒敵馬不能前進殿都練反注同○子曰不有祝鮀之佞而有宋朝之美難乎免於今之世矣孔曰佞口才也祝鮀衞大夫子魚也時世貴之宋朝宋之美人而善淫言當如祝鮀之佞而反如宋朝之美難乎免於今之世害也鮀徒多反朝張遥反○子曰誰能出不由戶何莫由斯道也孔曰言人立身成功當由道譬猶出入要當從戶○子曰質勝文則野包曰野如野人言鄙略也文勝質則史包曰史者文多而質少文質彬彬然後君子包曰彬彬文質相半之貌彬彼貧反○子曰人之

雍也

生也直馬曰言人所生於世而自終者以其正直也罔之生也幸而免包曰
誣罔正直之道而亦生者是幸而免○子曰知之者不如好之者好之
者不如樂之者包曰學問知之者不如好之者篤好之者不如樂之者深【好】呼報反下注同【樂】音洛
注同○子曰中人以上可以語上也中人以下不可
以語上也王曰上謂上知之所知也兩舉中人以其可上可下【上】時掌反注可上同【語】魚據反下同【上知】
音智○樊遲問知子曰務民之義王曰務所以化道民之義【知】音智下章及注同
【重言】樊遲問知二本篇顏淵各一敬鬼神而遠之可謂知矣包曰敬鬼神而
不黷【遠】于萬反【互註】記表記子曰夏道尊命事鬼敬神而遠之周人尊禮事鬼敬神而遠之問仁曰仁
者先難而後獲可謂仁矣孔曰先勞苦乃後得功此所以為仁【重意】顏淵顏淵
仲弓又司馬牛皆問仁又樊遲問仁子路樊遲問仁陽貨子張問仁於孔子○子曰知者樂水包曰

知者樂運其才智以治世如水流而不知已樂五孝反注及下樂山同仁者樂山仁者樂如山之安固自然不動而萬物生焉知者動包曰日進故動仁者靜孔曰無欲故靜知者樂鄭曰知者自役得其志故樂樂音洛仁者壽包曰性靜者多壽考。○子曰。齊一變至於魯。魯一變至於道包曰言齊魯有太公周公之餘化太公大賢周公聖人今其政教雖衰若有明君興之齊可使如魯魯可使如大道行之時。○子曰。觚不觚馬曰觚禮器一升曰爵二升曰觚觚音孤觚哉觚哉觚哉觚哉言非觚也以喻爲政不得其道則不成。○宰我問曰。仁者雖告之曰。井有仁焉。其從之也孔曰宰我以仁者必濟人於患難故問有仁人墮井將自投下從而出之不乎欲極觀仁者憂樂之所至子曰。何爲其然也。君子可逝也。不可陷也包曰逝往也言君子可使往視之耳不肯自投從之可欺也。不可罔也馬曰可欺者可使往也不可罔者不可得誣罔令自投下令力呈反。○子曰。

君子博學於文，約之以禮，亦可以弗畔矣夫。鄭曰

弗畔，不違道。夫音扶。【重言】君子博學於文，約之以禮，亦可以弗畔矣夫，二。本篇、顏淵各一。顏淵無君子字。○子見南子，子路不說。夫子矢之曰：予所否者，天厭之，天厭之。孔曰：舊以南子者，衛靈公夫人，淫亂，靈公惑之。孔子見之者，欲因以說靈公，使行治道。矢，誓也。子路不說，故夫子誓之。行道既非婦人之事，而弟子不說，與之呪誓，義可疑焉。不說音悅，注同。否，方九反。厭，於琰反，又於欠反。【重言】子路不說，二。本篇、陽貨各一。○子曰：中庸之為德也，其至矣乎！民鮮久矣。庸，常也。中和可常行之德。世亂，先王之道廢，民鮮能行此道久矣，非適今。鮮，仙善反，注同。【互注】記中庸：子曰：中庸其至矣乎！民鮮能久矣。○子貢曰：如有博施於民而能濟眾，何如？可謂仁乎？子曰：何事於仁！必也聖乎！堯舜其猶病諸！孔曰：君能廣施恩惠，濟民於患難，堯舜至聖，猶病其難。施，始豉反。【重言】可謂仁乎，二。一本

篇陽貨各一堯舜其猶病諸二一本篇憲問各一〔重意〕何如十九詳見學而夫仁者。己欲立而
立人。己欲達而達人。能近取譬。可謂仁之方也
已孔曰更爲子貢說仁者之行方道也但能近取譬於己皆如己所欲而施之於人

述而第七 凡三十八章

子曰。述而不作。信而好古。竊比於我老彭包曰老彭
殷賢大夫好述古事我若老彭但述之耳〔好〕音耗注同〔竊〕音切老彭包云殷賢大夫也案大戴禮云商老彭是也鄭云老老聃
彭彭祖。子曰。默而識之。學而不厭。誨人不倦。何有
於我哉鄭曰人無是行於我我獨有之朱曰〔識〕音志又如字〔重言〕誨人不倦一又見篇末何有於我哉一一本
篇子罕各一〔互注〕孟公孫丑上昔者子貢問於孔子曰夫子聖矣乎孔子曰聖則吾不能我學不厭而教不倦也子貢
曰學不厭智也教不倦仁也。子曰。德之不脩。學之不講。聞義不

能徙不善不能改是吾憂也孔曰夫子常以此四者為憂徙思爾反○子曰

子之燕居申申如也夭夭如也馬曰申申夭夭和舒之貌夭於驕反○子曰

甚矣吾衰也久矣吾不復夢見周公孔曰孔子衰老不復夢見周公明盛時夢見周公欲行其道復扶又反下同○子曰志於道志慕也道不可體故志之而已○

重意里仁士志於道據於德據杖也德有成形故可據依於仁依倚也仁者功施於人故可倚

遊於藝藝六藝也不足據依故曰遊互注記少儀士依於形遊於藝○子曰自行束脩以上吾未嘗無誨焉孔曰言人能奉禮自行束脩以上則皆教誨之上時掌反注同

○子曰不憤不啓不悱不發舉一隅不以三隅反則不復也鄭曰孔子與人言必待其人心憤憤口悱悱乃後啓發為說之如此則識思之深也說則舉一隅以語之其人不思其類則不復重教之也憤房粉反悱芳匪反○子食於有喪者之

側未嘗飽也喪者哀戚飽食於其側是無惻隱之心子於是日哭則不

歌一日之中或哭或歌是褻於禮容○子謂顏淵曰用之則行舍之

則藏唯我與爾有是夫孔曰言可行則行可止則止唯我與顏淵同舍音捨夫音符

○子路曰子行三軍則誰與孔曰大國三軍子路見孔子獨美顏淵以爲己

勇至於夫子爲三軍將亦當誰與己同故發此問與音餘又如字子曰暴虎馮河死而

無悔者吾不與也孔曰暴虎徒搏馮河徒涉馮皮冰反必也臨事而

懼好謀而成者也好呼報反○子曰富而可求也雖

執鞭之士吾亦爲之鄭曰富貴不可求而得之當脩德以得之若於道可求者雖執鞭賤

職我亦爲之鞭必綿反如不可求從吾所好孔曰所好者古人之道好呼報反注同

○子之所慎齊戰疾孔曰此三者人所不能慎而夫子慎之齊側皆反○子

在齊聞韶三月不知肉味周曰孔子在齊聞習韶樂之盛美故忽忘於肉味曰不圖爲樂之至於斯也王曰爲作也不圖作韶樂至於此此齊（樂）音岳 ○冉有曰夫子爲衛君乎鄭曰爲猶助也衛君者謂輒也衛靈公逐太子蒯聵公薨而立孫輒後晉趙鞅納蒯聵于戚城衛石曼姑帥師圍之故問其意助輒不乎（爲）于僞反注及下同子貢曰諾吾將問之入曰伯夷叔齊何人也曰古之賢人也曰怨乎曰求仁而得仁又何怨孔曰夷齊讓國遠去終於餓死故問怨邪以讓爲仁豈有怨乎【重意】堯曰欲仁而得仁又焉貪擇可勞而勞之又誰怨出曰夫子不爲也鄭曰父子爭國惡行孔子以伯夷叔齊爲賢且仁故知不助衛君明矣

○子曰飯疏食飲水曲肱而枕之樂亦在其中矣孔曰疏食菜食肱臂也孔子以此爲樂（飯）符晚反（疏）所居反（食）如字又音嗣（肱）國弘反（枕）之鴆反（樂）音洛注同【重言】飯疏食二本篇憲問各一【重意】樂亦

在其中矣爲政祿在其中矣子路言直在其中矣衛靈公學也祿在其中矣子張仁在其中矣不義而富且貴於我如浮雲鄭曰富貴而不以義者於我如浮雲非己之有

○子曰加我數年五十以學易可以無大過矣易窮理盡性以至於命年五十而知天命以知命之年讀至命之書故可以無大過（過）數色主反（易）如字

○子所雅言孔曰雅言正言也詩書執禮皆雅言也鄭曰讀先王典法必正言其音然後義全故不可有所諱禮不誦故言執

○葉公問孔子於子路子路不對孔曰葉公名諸梁楚大夫食菜於葉僭稱公不對者未知所以荅（葉）舒涉反注同子曰女奚不曰其爲人也發憤忘食樂以忘憂不知老之將至云爾（女）音汝（憤）符粉反（樂）音洛

○子曰我非生而知之者好古敏以求之者也鄭曰言此者勸人學（好）呼報反

○子不語怪力亂神王曰怪怪異也力若奡盪

（舟烏獲舉千鈞之屬亂謂臣弑君子弑父神謂鬼神之事或無益於教化或所不忍言）子曰三人行
必有我師焉擇其善者而從之其不善者而改
之（言我三人行本無賢愚擇善從之不善改之故無常師）重意（下文多聞擇其善者而從之）子曰
天生德於予桓魋其如予何（包曰桓魋宋司馬天生德者謂授我以聖性德
合天地吉無不利故曰其如予何魋徒回反）重意（子罕匡人其如予何）子曰二三子以
我爲隱乎吾無隱乎爾（包曰二三子謂諸弟子聖人知廣道深弟子學之不能及以爲
有所隱匿故解之）重意（八佾二三子何患於喪乎陽貨二三子偃之言是也）吾無行而不與
二三子者是丘也（包曰我所爲無不與爾共之者是丘之心）子以四教
文行忠信（四者有形質可舉以教行下孟反）子曰聖人吾不得而
見之矣得見君子者斯可矣（疾世無明君）子曰善人

吾不得而見之矣得見有恒者斯可矣亡而爲有虚而爲盈約而爲泰難乎有恒矣孔曰難可名之爲有常。朱氏曰(亡)音無。○子釣而不綱弋不射宿孔曰釣者一竿釣綱者爲大綱以橫絶流以繳繫釣羅屬著綱弋繳射也宿宿鳥(釣)音弔(綱)音剛(弋)音羊職反(射)食亦反又食夜反(宿)息六反。○子曰蓋有不知而作之者我無是也包曰時人有穿鑿妄作篇籍者故云然多聞擇其善者而從之多見而識之知之次也孔曰如此者次於天生知之者朱氏曰(識)音志(重意)上文擇其善者而從之。知之次也季氏學而知之者次也○互鄉難與言童子見門人惑鄭曰互鄉鄉名也其鄉人言語自專不達時宜而有童子來見孔子門人怪孔子見之(互)戶故反(見)賢遍反注同子曰與其進也不與其退也唯何甚孔曰教誨之道與其進不與其退怪我見此童子惡惡一何甚人絜己以進與其絜也，不保其往也。鄭曰：往猶去也。人虛己自絜而來，當與之進，亦何能保其去後之行。○子曰：仁遠乎哉？我欲仁，斯仁至矣。包曰：仁道不遠，行之即是。○陳司敗問昭公知禮乎？孔曰：司敗，官名，陳大夫。昭公，魯昭公。（重意）昭公知禮乎？八佾：孰謂鄹人之子知禮乎？又：然則管仲知禮乎？孔子曰：知禮。孔子退，揖巫馬期而進之，曰：吾聞君子不黨，君子亦黨乎？君取於吳爲同姓，謂之吳孟子。君而知禮，孰不知禮？孔曰：巫馬期，弟子，名施。相助匿非曰黨。魯、吳俱姬姓。禮，同姓不昏，而君取之，當稱吳姬，諱曰孟子。（揖）伊入反。（巫）音無。（取）七住反。（重言）孰不知禮二，又見八佾。巫馬期以告。子曰：丘也幸，苟有過，人必知之。孔曰：以司敗之言告也。諱國惡，禮也。聖人道弘，故受以爲過。○子與人歌而善，必使反之，而後和之。樂其善，故使重歌而自和之。（和）戶卧反，注

〔同〕音直用反○子曰文莫吾猶人也莫無也文無者猶俗言文不也文不吾猶人者言凡文皆不勝於人躬行君子則吾未之有得孔曰身爲君子已未能也○子曰若聖與仁則吾豈敢孔曰孔子謙不敢自名仁聖抑爲之不厭誨人不倦則可謂云爾已矣公西華曰正唯弟子不能學也馬曰正如所言弟子猶不能學況仁聖乎〔重言〕誨人不倦又重見上文○子疾病子路請禱包曰禱禱請於鬼神〔禱〕音倒下注同子曰有諸周曰言有此禱請於鬼神之事〔重言〕有諸二本篇一子路二子路對曰有之誄曰禱爾于上下神祇孔曰子路失其指誄禱篇名〔誄〕力軌反〔祇〕祈之反子曰丘之禱久矣孔曰孔子素行合於神明故曰丘之禱久矣〔行〕下孟反○子曰奢則不孫儉則固與其不孫也寧固孔曰俱失之奢不如儉奢則僭上儉不及禮固陋也

孫音遜。子曰君子坦蕩蕩小人長戚戚鄭曰坦蕩蕩寬廣貌長戚戚
多憂懼坦吐但反蕩並徒黨反戚並千歷反。子溫而厲威而不猛恭而安
重言威而不猛二又見堯曰

泰伯第八 ○凡二十一章

子曰泰伯其可謂至德也已矣三以天下讓民
無得而稱焉王曰泰伯周太王之長子次弟仲雍少弟季歷季歷賢又生聖子文王昌昌必有天下故
泰伯以天下三讓於王季其讓隱故無得而稱言之者所以為至德也少詩照反 重言其可謂至德也已矣二並本篇
重意民無得而稱焉下文民無能名焉季氏民無德而稱焉 ○子曰恭而無禮則勞。
慎而無禮則葸葸畏懼之貌言慎而不以禮節之則常畏懼葸絲里反 勇而無禮
則亂直而無禮則絞馬曰絞絞刺也絞古卯反 君子篤於親則

民興於仁故舊不遺則民不偷包曰興起也君能厚於親屬不遺忘其故舊行之美者則民皆化之起爲仁厚之行不偷薄○曾子有疾召門弟子曰啓予足啓予手鄭曰啓開也曾子以爲受身體於父母不敢毀傷故使弟子開衾而視之詩云戰戰兢兢如臨深淵如履薄冰孔曰言此詩者喻己常戒慎恐有所毀傷而今而後吾知免夫小子周曰乃今日後我自知免於患難矣小子弟子也呼之者欲使聽識其言夫音扶曾子有疾孟敬子問之馬曰孟敬子魯大夫仲孫捷曾子言曰鳥之將死其鳴也哀人之將死其言也善包曰欲戒敬子言我將死言善可用君子所貴乎道者三動容貌斯遠暴慢矣正顏色斯近信矣出辭氣斯遠鄙倍矣鄭曰此道謂禮也動容貌能濟濟蹌蹌則人不敢暴慢之正顏色能矜莊嚴栗則人不敢欺誕之出辭氣能順

而說之則無惡戾之言入於耳遠于萬反【重意】憲問君子道者三我無能焉籩豆之事則有司存包曰敬子忽大務小故又戒之以此籩豆禮器○曾子曰以能問於不能以多問於寡有若無實若虛犯而不校包曰校報也言見侵犯不報昔者吾友嘗從事於斯矣馬曰友謂顏淵○曾子曰可以託六尺之孤孔曰六尺之孤幼少之君可以寄百里之命孔曰攝君之政令臨大節而不可奪也大節安國家定社稷奪不可傾奪君子人與君子人也重稱君子者為君子也與音予○曾子曰士不可以不弘毅任重而道遠包曰弘大也毅強而能斷也士弘毅然後能負重任致遠路仁以為己任不亦重乎死而後已不亦遠乎孔曰以仁為己任重莫重焉死而後已遠莫遠焉【互註】記表記子曰仁之為器重其為道遠舉者莫能

勝也行者莫能敵也○子曰：興於詩，包曰：興，起也。言修身當先學詩。立於禮，包曰：禮者所以立身。成於樂。包曰：樂所以成性。○子曰：民可使由之，不可使知之。由，用也。可使用而不可使知者，百姓能日用而不能知。○子曰：好勇疾貧，亂也。包曰：好勇之人而患疾己貧賤者，必將為亂。○好，呼報反，注同。人而不仁，疾之已甚，亂也。包曰：疾惡太甚，亦使其為亂。○大音泰，下大師、大公並同。重意 八佾：人而不仁，如禮何？人而不仁，如樂何？○子曰：如有周公之才之美，使驕且吝，其餘不足觀也已。孔曰：周公，周公旦。○吝，力刃反。○子曰：三年學，不至於穀，不易得也。孔曰：穀，善也。言人三歲學不至於善，不可得，言必無也。所以勸人學。○穀，公旦反。易，以豉反。○子曰：篤信好學，守死善道。危邦不入，亂邦不居。天下有道則見，無道則隱。包曰：言行當常然。危邦不入，始欲往。亂邦不居，今欲去亂謂臣弑君子弑父危者將亂之兆(好)呼報反(見)賢遍反(重意)季氏天下有道則禮樂征伐自天子出又天下有道則政不在大夫又天下有道則庶人不議又微子天下有道丘不與易也邦有道，貧且賤焉，恥也。邦無道，富且貴焉，恥也。(重言)邦有道二本篇憲問各一。恥也三本篇二憲問一(重意)邦有道詳見公冶長。○子曰：不在其位，不謀其政。孔曰欲各專一於其職(重言)不在其位不謀其政二本篇一憲問一○子曰：師摯之始，關雎之亂，洋洋乎盈耳哉。鄭曰師摯魯大師之名始猶首也周道衰微鄭衛之音作正樂廢而失節魯大師摯識關雎之聲而首理其亂者洋洋盈耳聽而美之(摯)音至(雎)七餘反○子曰：狂而不直，孔曰狂者進取宜直(狂)求匡反侗而不愿，孔曰侗未成器之人宜謹愿(侗)音通又勑動反(愿)音願悾悾而不信，包曰悾悾慤也宜可信(悾)音空吾不知之矣。孔曰言皆與常度反我不知之○子曰：學如不及，猶恐失之。學自外入至熟乃可長久如不及猶恐失之。

○子曰。巍巍乎。舜禹之有天下也而不與焉美舜禹也言己不與求天下而得之巍巍高大之稱(巍)魚威反(與)音預注同

○子曰。大哉堯之爲君也。巍巍乎。唯天爲大。唯堯則之孔曰則法也美堯能法天而行化(重意)八佾大哉問子罕大哉孔子蕩蕩乎。民無能名焉包曰蕩蕩廣遠之稱言其布德廣遠民無能識其名焉巍巍乎其有成功也功成化隆高大巍巍

○(互註)孟滕文上孔子曰大哉堯之爲君惟天爲大惟堯則之蕩蕩乎民無能名焉君哉舜也巍巍乎煥乎其有文章煥明也其立文垂制又著明(煥)音喚

○舜有臣五人而天下治孔曰禹稷契皋陶伯益(治)直吏反武王曰。予有亂臣十人馬曰亂治也治官者十人謂周公旦召公奭太公望畢公榮公太顛閎夭散宜生南宮适其一人謂文母孔子曰。才難。不其然乎。唐虞之際。於斯爲盛。有婦人焉。九人而已

孔曰唐者堯號虞者舜號際者堯舜交會之間斯此也言堯舜交會之間比於周周最盛多賢才然尚有一婦人其餘九人而已大才難得豈不然乎三分天下有其二。以服事殷。周之德其可謂至德也已矣包曰殷紂淫亂文王爲西伯而有聖德天下歸周者三分有二而猶以服事殷故謂之至德〔重言〕可謂至德也已矣一見本篇首。子曰禹吾無間然矣孔曰孔子推禹功德之盛美言己不能復間廁其間〔間〕音諫注同〔重言〕禹吾無間然矣一又見下文菲飲食。而致孝乎鬼神馬曰菲薄也致孝鬼神祭祀豐絜〔菲〕音匪惡衣服。而致美乎黻冕孔曰損其常服以盛祭服〔黻〕音弗〔冕〕音免卑宮室。而盡力乎溝洫包曰方里爲井井間有溝溝廣深四尺十里爲成成間有洫洫廣深八尺〔盡〕津忍反〔洫〕呼域反禹。吾無間然矣

子罕第九。凡三十章

子罕言利，與命，與仁。（罕者，希也。利者，義之和也。命者，天之命也。仁者，行之盛也。寡能及之，故希言也。罕，呼旱反。）

○達巷黨人曰：大哉孔子！博學而無所成名。（鄭曰：達巷者，黨名也。五百家爲黨。此黨之人美孔子博學道藝，不成一名而已。）（重意：八佾大哉問，泰伯大哉堯之爲君。）

子聞之，謂門弟子曰：吾何執？執御乎？執射乎？吾執御矣。（鄭曰：聞人美之，承之以謙。吾執御者，欲名六藝之卑。）（重言：子聞之，六詳見八佾。）

子曰：麻冕，禮也。今也純，儉，吾從衆。（孔曰：冕，緇布冠也。古者績麻三十升布以爲之。純，絲也。絲易成，故從儉。純，順倫反。）拜下，禮也。今拜乎上，泰也。雖違衆，吾從下。（王曰：臣之與君行禮者，下拜然後升成禮。時臣驕泰，故於上拜。今從下，禮之恭也。）

○子絕四：毋意，（以道爲度，故不任意。毋音無，下同。）毋必，（用之則行，舍之則藏，故無專必。）毋固，（無可無不可，故無固行。）毋我。（述古而不自作，處羣萃而不自異，唯道是從，故不有其身。）

○子畏

於匡包曰匡人誤圍夫子以爲陽虎陽虎曾暴於匡夫子弟子顔剋時又與虎俱行後剋爲夫子御至於匡匡人相與共識剋又夫子容貌與虎相似故匡人乃以兵圍之曰文王既没文不在兹乎孔曰兹此也言文王雖已死其文見在此此自謂其身天之將喪斯文也後死者不得與於斯文也孔曰文王既没故孔子自謂後死言天將喪此文者本不當使我知之今使我知之未欲喪也喪息浪反注下同與音預天之未喪斯文也匡人其如予何馬曰其如予何者猶言奈我何也天之未喪斯文則我當傳之匡人欲奈我何言其不能違天以害己傳直專反

重意 述如相魋 其如予何

○大宰問於子貢曰夫子聖者與何其多能也孔曰大宰大夫官名或吳或宋未可分也疑孔子多能於小藝與音餘子貢曰固天縱之將聖又多能也孔曰言天固縱大聖之德又使多能也縱子用反子聞之曰大宰知我乎吾少也賤故多能鄙事

家語琴牢字子開一字子張史記無

君子多乎哉。不多也包曰我少小貧賤常自執事故多能為鄙人之事君子固不當多能(少)詩照反注同(重言)子聞之曰凡五詳見八佾。牢曰子云吾不試故藝鄭曰牢弟子子牢也試用也言孔子自云我不見用故多技藝(牢)力刀反。子曰吾有知乎哉無知也知者知意之知也知者言未必盡今我誠盡有鄙夫問於我空空如也我叩其兩端而竭焉孔曰有鄙夫來問於我其意空空然我則發事之終始兩端以語之竭盡所知不為有愛(叩)音口。子曰鳳鳥不至河不出圖吾已矣夫孔曰聖人受命則鳳鳥至河出圖今天無此瑞吾已矣夫者傷不得見也河圖八卦是也(出)如字又尺遂反注同(夫)音符(互注)易繫辭河出圖洛出書聖人則之。子見齊衰者冕衣裳者與瞽者包曰冕者冠也大夫之服瞽盲也(齊)音咨(衰)七雷反(冕)音免(瞽)音古(重意)鄉黨見齊衰者雖狎必變見冕者與瞽者見之雖少必作。過之必趨包曰作起也趨疾行也此夫子哀有喪尊

在位恤不成人〔少〕詩照反。顏淵喟然歎曰喟歎聲〔喟〕苦位反〔重意〕先進夫子喟然歎曰

仰之彌高鑽之彌堅言不可窮盡〔鑽〕子官反瞻之在前忽焉在後言恍惚不可爲形象夫子循循然善誘人循循次序貌誘進也言夫子正以此道進勸人有次序〔道〕音導博我以文約我以禮欲罷不能既竭吾才如有所立卓爾雖欲從之末由也已孔曰言夫子既以文章開博我又以禮節節約我使我欲罷而不能已竭我才矣其有所立則又卓然不可及言己雖蒙夫子之善誘猶不能及夫子之所立〔罷〕皮買反〔重意〕雍也博之以文約之以禮

。子疾病包曰疾甚曰病子路使門人爲臣鄭曰孔子嘗爲大夫故子路欲使弟子行其臣之禮病間曰久矣哉由之行詐也無臣而爲有臣吾誰欺欺天乎孔曰少差曰間言子路久有是心非今日也〔間〕如字〔詐〕側嫁反〔差〕初賣反且予與其死於

臣之手也。無寧死於二三子之手乎 馬曰無寧寧也二三子門人也就使我有臣而死其手我寧死於弟子之手乎 且予縱不得大葬 孔曰君臣禮葬縱子用反 予死於道路乎 馬曰就使我不得以君臣禮葬有二三子在我寧當憂棄於道路乎 ○子貢曰。有美玉於斯。韞匵而藏諸。求善賈而沽諸 馬曰韞藏也匵匱也謂藏諸匱中沽賣也得善賈寧肯賣之耶韞紆粉反匵徒木反賈音嫁 子曰。沽之哉。沽之哉。我待賈者也 包曰沽之哉不衒賣之辭我居而待賈 ○子欲居九夷 馬曰九夷東方之夷有九種 或曰。陋如之何。子曰。君子居之。何陋之有 馬曰君子所居則化 重意 如之何十內四重言六重意詳見爲政

○子曰。吾自衛反魯。然後樂正。雅頌各得其所 鄭曰反魯魯哀公十一年冬是時道衰樂廢孔子來還乃正之故雅頌各得其所 ○子曰。出則事

公卿。入則事父兄。喪事不敢不勉。不爲酒困。何
有於我哉 馬曰困亂也 重言 何有於我哉二 述而本篇各一 ○子在川上曰。
逝者如斯夫。不舍晝夜 包曰逝往也言凡往者如川之流 逝音誓 夫音符 舍音捨 ○
互註 孟子離婁下原泉混混不舍晝夜盈科而後進 ○子曰。吾未見好德如好
色者也 疾時人薄於德而厚於色故發此言 好呼報反下同 重言 吾未見好德如好色者也二 本篇衛靈公
各一 互註 記坊記子云好德如好色諸侯不下漁色 ○子曰。譬如爲山。未成一
簣。止。吾止也 包曰簣土籠也此勸人進於道德爲山者其功雖已多未成一籠而中道止者我不以其前
功多而善之見其志不遂故不與也 簣求位反 譬如平地。雖覆一簣。進。吾往
也 馬曰平地者將進加功雖始覆一簣我不以其功少而薄之據其欲進而與之 覆芳服反注同 ○子曰。
語之而不惰者。其回也與 顏淵解故語之而不惰餘人不解故有惰語之時 語

魚據反惰徒卧反與音餘注同○子謂顏淵曰惜乎吾見其進也未見其止也包曰孔子謂顏淵進益未止痛惜之甚○子曰苗而不秀者有矣夫秀而不實者有矣夫孔曰言萬物有生而不育成者喻人亦然夫音符並同似句憲問君子而不仁者有矣夫○子曰後生可畏焉知來者之不如今也後生謂年少焉於虔反四十五十而無聞焉斯亦不足畏也已○子曰法語之言能無從乎改之為貴孔曰人有過以正道告之口無不順從之能必自改之乃為貴語魚據反巽與之言能無說乎繹之為貴馬曰巽恭也謂恭遜謹敬之言聞之無不說者能尋繹行之乃為貴巽音遜說音悅注及下同繹音亦說而不繹從而不改吾末如之何也已矣重言吾末如之何也已矣一本篇衛靈各一○子曰主忠信毋友

不如己者。過則勿憚改慎所主友有過務改皆所以爲益(毋)音無(憚)徒旦反(重言)主忠信三學而本篇顔淵各一○主忠信毋友不如己者過則勿憚改二學而本篇各一○子曰。三軍可奪帥也。匹夫不可奪志也孔曰三軍雖衆人心不一則其將帥可奪而取之匹夫雖微苟守其志不可得而奪也(帥)色類反○子曰。衣敝緼袍與衣狐貉者立。而不恥者。其由也與孔曰緼枲著(衣)於既反下同(緼)紆粉反(袍)蒲刀反(貉)户各反(也)(與)音餘(重言)其由也與二本篇顔淵各一(重意)公冶從我者其由與不忮不求。何用不臧馬曰忮害也臧善也言不忮害不貪求何用爲不善疾貪惡忮害之詩○(忮)之豉反(臧)作郎反子路終身誦之。子曰。是道也。何足以臧馬曰臧善也尚復有美於是者何足以爲善○子曰。歲寒然後知松柏之後彫也大寒之歲衆木皆死然後知松柏不彫傷平歲則衆木亦有不死者故須歲寒而後別之喻凡人處治世亦能自修整與君子同在

獨出然後知君子之正不苟容彫音丁條反

○子曰知者不惑包曰不惑亂知音智仁者不憂孔曰無憂患勇者不懼重言知者不惑仁者不憂勇者共不懼二本篇憲問各一憲問知者不惑在第一句

○子曰可與共學未可與適道適之也雖學或得異端未必能之道可與適道未可與立雖能之道未必能有所立可與立未可與權雖能有所立未必能權量其輕重之極

○唐棣之華偏其反而豈不爾思室是遠而逸詩也唐棣移也華反而後合賦此詩者以言權道反而後至於大順思其人而不得見者其室遠也以言思權而不得見者其道遠也棣大計反偏音篇子曰未之思也夫何遠之有夫思者當思其反反是不思所以爲遠能思其反何遠之有言權可知唯不知思耳思之有次序斯可知矣夫音扶注同

鄉黨第十

○凡一章今分爲十七節

孔子於鄉黨恂恂如也似不能言者 王曰恂恂溫恭貌（恂）音荀

又音句 其在宗廟朝廷便便言唯謹爾 鄭曰便便辯也雖辯而謹敬（朝）直遙反篇內不音者同（廷）徒寧反又徒佞反（便）婢綿反 ○朝與下大夫言侃侃如也 孔曰侃侃和樂貌（侃）苦旦反 （重言）侃侃如也二一本篇先進各一 與上大夫言誾誾如也 孔曰誾誾中正之貌（誾）音魚巾反 （重言）誾誾如也二一本篇先進各一 君在踧踖如也與與如也 馬曰君在視朝也踧踖恭敬之貌與與威儀中適之貌（踧）子六反（踖）子亦反（與）與與音餘又如字 （重言）踧踖如也一竝本篇 ○君召使擯 鄭曰君召使擯者有賓客使迎之（擯）必刃反 色勃如也 孔曰必變色（勃）步忽反 足躩如也 包曰足躩盤辟貌（躩）驅碧反 （重言）色勃如也足躩如也凡二竝本篇 揖所與立左右手○衣前後襜如也 鄭曰揖左人左其手揖右人右其手一俛一仰衣前後襜如也（襜）赤占反 趨進翼如也

之。必有寢衣，長一身有半。（孔曰今之被也。長直亮反）狐貉之厚以居。（鄭曰在家以接賓客。貉戶各反）去喪無所不佩。（孔曰去除也，非喪則備佩所宜佩也。去起呂反，注同。互註記間傳月而禫，禫而纖，無所不佩）非帷裳必殺之。（王曰衣必有殺縫，惟帷裳無殺也。帷位悲反。殺色界反，注同）羔裘玄冠不以弔。（孔曰喪主素，吉主玄，吉凶異服）吉月必朝服而朝。（孔曰吉月，月朔也。朝服，皮弁服）○齊必有明衣布。（孔曰以布爲沐浴衣。齊側皆反，下同）齊必變食，（孔曰改常饌）居必遷坐。（孔曰易常處。坐如字，又才卧反。處昌慮反）○食不厭精，膾不厭細。食饐而餲，（孔曰饐餲，臭味變。食音嗣。厭於艷反，注及下同。饐於冀反。餲烏邁反，又乙例反）魚餒而肉敗，不食。（魚敗曰餒。餒奴罪反）色惡不食，臭惡不食，失飪不食，（孔曰失飪，失生熟之節。飪而甚反）不時不食。（鄭曰不時，非朝夕日中時）割不正不食。

不得其醬不食馬曰魚膾非芥醬不食肉雖多不使勝食氣食氣如字唯酒無量不及亂。沽酒市脯不食。不撤薑食孔曰撤去也齊禁薰物薑辛而不臭故不去量音亮撤直列反不多食孔曰不過飽祭於公不宿肉周曰助祭於君所得牲體歸則班賜不留神惠祭肉不出三日出三日不食之矣鄭曰自其家祭肉過三日不食是褻鬼神之餘食不語寢不言。雖疏食菜羹瓜祭必齊如也孔曰齊嚴敬貌三物雖薄祭之必敬疏食音嗣又如字瓜古華反齊側皆反○席不正不坐。○鄉人飲酒杖者出斯出矣孔曰杖者老人也鄉人飲酒之禮主於老者老者禮畢出孔子從而後出鄉人儺朝服而立於阼階孔曰儺驅逐疫鬼恐驚先祖故朝服而立於廟之阼階儺乃多反阼才故反○問人於他邦再拜而送之孔曰拜送使者敬也康子饋藥，拜而受之。包曰：饋孔子藥。（饋）其愧反。曰：丘未達，不敢嘗。孔曰：未知其故，故不敢嘗，禮也。

○廄焚。子退朝，曰：傷人乎？不問馬。鄭曰：重人賤畜。退朝，自君之朝來歸。（廄）久又反。（焚）扶云反。

○君賜食，必正席先嘗之。孔曰：敬君惠也。既嘗之，乃以班賜。君賜腥，必熟而薦之。孔曰：薦其先祖。（腥）音星。君賜生，必畜之。侍食於君，君祭，先飯。鄭曰：於君祭則先飯矣，若為君先嘗食然。（飯）扶晚反。【互註】記少儀：燕侍食於君子，則先飯而後已。

疾，君視之，東首，加朝服，拖紳。包曰：夫子疾，處南牖之下，東首，加其朝服，拖紳。紳，大帶。不敢不衣朝服見君。（首）手又反，注同。拖，徒我反，又音勑佐反。（紳）音申。

君命召，不俟駕行矣。鄭曰：急趨君命，行出而車駕隨之。【互註】孟公孫丑下：君命召不俟駕。

○入太廟，每事問。【重言】每事問三：八佾二，本篇一。

朋友死，無所歸，曰：於我殯。孔曰：重朋友之恩。無所歸，言無親昵。（殯）必刃反。（昵）女乙反。朋友之饋，雖車馬，非祭肉不拜。孔曰：不拜者，有通財之義。○寢不尸，包曰：偃卧四體，布展手足，似死人。居不容。孔曰：爲室家之敬難久。(爲)于僞反。見齊衰者，雖狎必變。孔曰：狎者，素親狎。(褻)七雷反。(狎)戶甲反。見冕者與瞽者，雖褻必以貌。周曰：褻謂數相見，必當以貌禮之。(重意)子罕：子見齊衰者、冕衣裳者與瞽者，見之雖少必作，過之必趨。凶服者式之。式負版者。孔曰：凶服，送死之衣物。負版者，持邦國之圖籍。有盛饌，必變色而作。孔曰：作，起也。敬主人之親饋。迅雷風烈必變。鄭曰：敬天之怒。風疾雷爲烈。(迅)音信，又音峻。(互注)記玉藻：君子若有疾風迅雷甚雨則必變，雖夜必興，衣服冠而坐。○升車，必正立執綏。周曰：必正立執綏，所以爲安。(綏)音雖。車中不內顧，包曰：車中不內顧者，前視不過衡軛，傍視不過輢轂。(顧)音故。不疾言，不親指。○色斯舉矣，馬曰：見顏色不善則去之。翔而後集。周曰：迴翔審觀而後下止。曰：山梁雌雉時哉時哉子路共之三嗅而作言山梁雌雉得其時而人不得其時故歎之子路以其時物故共具之非本意不苟食故三嗅而作作起也山梁鄭云孔子山行見雉食梁粟也【共】九用反又音恭嗅與臭同【三】息暫反又如字【嗅】許又反臭同

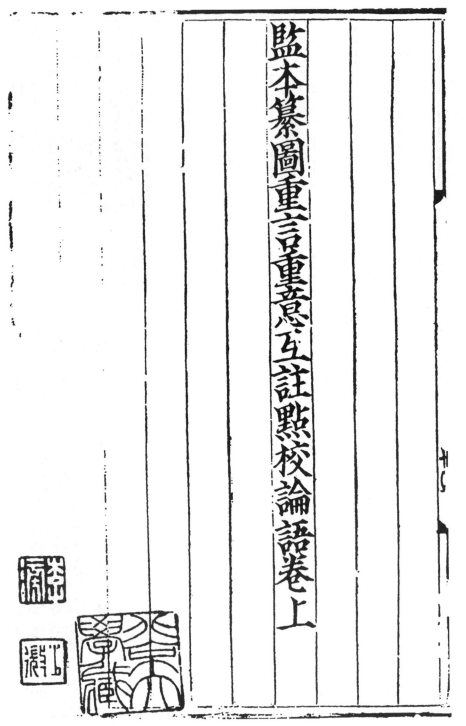

監本纂圖重言重意互註點校論語卷上

監本纂圖重言重意互註點校論語卷[illegible]

先進第十一 凡二十三章

子曰先進於禮樂野人也後進於禮樂君子也 孔曰先進後進謂仕先後輩也禮樂因世損益後進與禮[illegible]得時之中斯君子矣先進有古風斯野人也先進包云[illegible]鄭云謂學也 輩必內反 中丁仲反 如用之則吾從先進 將移風[illegible]之淳素先進猶近古風故從之 近附近之近

○子曰從我於陳蔡者皆不及門也 鄭曰言弟子從我而厄於陳蔡者皆不及仕進之門而失其所 從才用反注同 德行顏淵閔子騫冉伯牛仲弓言語宰我子貢政事冉有季路文學子游子夏 行下孟反鄭云以合前章皇別爲一章

○子曰回也非助我者也於吾言無所不說 孔曰助益也言回聞言即解無所發起增益於己 說音悅

(解)音蟹。子曰：孝哉閔子騫！人不間於其父母昆弟之言。陳曰言子騫上事父母下順兄弟動静盡善故人不得有非間之言(間)間廁之間注同

○南容三復白圭，孔曰詩云白圭之玷尚可磨也斯言之玷不可爲也南容讀詩至此三反覆之是其心愼言也(三)息暫反又如字(玷)丁簟反又丁念反(磨)音摩孔子以其兄之子妻之。(妻)七細反(重意)公冶長以其兄之子妻之又以其子妻之

○季康子問：弟子孰爲好學？孔子對曰：有顏回者好學，不幸短命死矣，今也則亡。康子問弟子孰爲好學一本作季康子鄭本同(好)呼報反(重言)有顏回者好學二雍也本篇各一(重意)雍也哀公問弟子孰爲好學

○顏淵死，顏路請子之車以爲之槨。孔曰路淵父也家貧欲請孔子之車賣以作槨顏路回父也名由字季路(車)音居(槨)古廓反子曰：才不才，亦各言其子也。鯉也死，有棺而無槨。吾不徒行

以爲之椁。以吾從大夫之後，不可徒行也。孔曰：鯉，孔子之子伯魚也。孔子時爲大夫，言從大夫之後，不可以徒行，謙辭也。【重言】以吾從大夫之後三本篇一憲問二。

○顏淵死。子曰：噫！包曰：噫，痛傷之聲。【噫】於其反。【重言】子曰噫二本篇子路各一。天喪予！天喪予！天喪予者，若喪己也。再言之者，痛惜之甚。【喪】息浪反，又如字，下及注同。

○顏淵死，子哭之慟。馬曰：慟，哀過也。【慟】徒送反。從者曰：子慟矣。曰：有慟乎？孔曰：不自知己之悲哀過。【從】才用反。非夫人之爲慟而誰爲！馬曰：哀過。鄭二云：變動容貌。【夫】音扶。【爲】于僞反。

○顏淵死，門人欲厚葬之。子曰：不可。禮，貧富有宜。顏淵貧而門人欲厚葬之，故不聽。【重言】不可三本篇一陽貨二。門人厚葬之。子曰：回也視予猶父也，予不得視猶子也。非我也，夫二三子也。馬曰：言回自有父，父意欲聽門人厚葬，我不得制止，非其厚葬，故云耳。【互註】記檀弓上。

子貢曰昔者夫子之喪顏淵若喪子而無服喪子路亦然

○季路問事鬼神。子曰。未能事人。焉能事鬼。敢問死。曰。未知生。焉知死。陳曰鬼神及死事難明語之無益故不荅（焉）於虔切（語）魚據切

○閔子侍側。誾誾如也。子路。行行如也。冉有。子貢。侃侃如也。子樂。鄭曰樂各盡其性行行剛強之貌（誾）魚巾切（行）胡浪切或戶郎切（侃）苦旦切（樂）音洛注同（重言）誾誾如也二侃侃如也二鄉黨本篇各一

若由也。不得其死然。孔曰不得以壽終

○魯人為長府。閔子騫曰。仍舊貫。如之何。何必改作。鄭曰長府藏名也藏財貨曰府仍因也貫事也因舊事則可何乃復更改作（重意）如之何凡十內四重言六重意詳見為政

子曰。夫人不言。言必有中。王曰言必有中者善其不欲勞民改作（中）丁仲反注同

○子曰。由之瑟。奚為於丘之門。馬曰子路鼓瑟不合雅頌門人不敬子路。子

曰。由也升堂矣未入於室也馬曰升我堂矣未入於室耳門人不解謂孔子言爲賤子路故復解之。○子貢問師與商也孰賢。子曰。師也過。商也不及孔曰言俱不得中中丁仲反曰。然則師愈與。子曰。過猶不及愈猶勝也愈以主反與音餘【互註】記仲尼燕居子曰師爾過而商也不及子產猶衆人之母也能食之不能教也。○季氏富於周公孔曰周公天子之宰卿士而求也爲之聚斂。而附益之孔曰冉求爲季氏宰爲之急賦稅爲于僞切又如字注同子曰。非吾徒也。小子鳴鼓而攻之可也鄭曰小子門人也鳴鼓聲其罪以責之。○【重意】可也凡五註見學而子曰可也注。○柴也愚弟子高柴字子羔愚愚直之愚愚仕皆切又巢甾切參也魯孔曰魯鈍也曾子性遲鈍師也辟馬曰子張才過人失在邪辟文過辟匹亦切由也喭鄭曰子路之行失於畔喭子曰。回也其庶乎。屢空。賜不受命而貨殖焉。億則屢中言回庶幾聖道雖數空匱而樂在其中賜不受教命唯財貨是殖億度是非蓋美回所以勵賜也一曰屢猶每也空猶虛中也以聖人之善道教數子之庶幾猶不至於知道者各內有此害其於庶幾每能虛中者唯回懷道深遠不虛心不能知道子貢雖無數子之病然亦不知道者雖不窮理而幸中雖非天命而偶富亦所以不虛心也空協縱反殖市力反億於力切中丁仲切

○子張問善人之道。子曰。不踐迹。亦不入於室孔曰踐循也言善人不但循追舊迹而已亦少能創業然亦不能入於聖人之奧室

子曰。論篤是與君子者乎。色莊者乎論篤者謂口無擇言君子者謂身無鄙行色莊者不惡而嚴以遠小人言此三者皆可以為善人與音餘朱曰如字

○子路問聞斯行諸包曰拯窮救乏之事子曰。有父兄在。如之何其聞斯行之孔曰當白父兄不得自專重意如之何十內四重言六重意見為政

冉有問聞斯行諸。子曰。聞斯行之。公西華曰。

由也問聞斯行諸子曰有父兄在求也問聞斯行諸子曰聞斯行之赤也惑敢問孔曰惑其問同而荅異子曰求也退故進之由也兼人故退之鄭曰言冉有性謙退子路務在勝尚人各因其人之失而正之○子畏於匡顏淵後孔曰言與孔子相失故在後子曰吾以女爲死矣曰子在回何敢死包曰言夫子在己無所敢死○季子然問仲由冉求可謂大臣與孔曰子然季氏子弟自多得臣此二子故問之○古文臣字今作臣○與音餘下同子曰吾以子爲異之問曾由與求之問孔曰謂子問異事耳則此二人之問安足大乎所謂大臣者以道事君不可則止今由與求也可謂具臣矣孔曰言備臣數而已

重言 不可則止二本篇重出各一

曰然則從之者與孔曰問爲

臣皆當從君所欲邪子曰。弒父與君。亦不從也孔曰言二子雖從其主亦不與爲大逆

○子路使子羔爲費宰。子曰。賊夫人之子包曰子羔學未熟習而使爲政所以爲賊害費悲位切(去)夫音符子路曰。有民人焉。有社稷焉。何必讀書。然後爲學孔曰言治民事神於是而習之亦學也子曰。是故惡夫佞者孔曰疾其以口給應遂己非而不知窮惡烏路切(去)夫音符

○子路曾皙孔曰皙曾參父名點皙(入)星歷切冉有公西華侍坐。子曰。以吾一日長乎爾。毋吾以也孔曰言我問女女無以我長故難對坐才卧反又如字長丁丈反居則曰不吾知也孔曰女常居云人不知已如或知爾。則何以哉孔曰如有用女者則何以爲治子路率爾而對曰率爾先三人對千乘之國。攝乎大國之閒。加之以師旅。因之以饑饉包曰攝迫

也迫於大國之閒乘繩證切饑音機饉其靳切由也為之比及三年可使有
勇且知方也方義方比必利反下同夫子哂之馬曰哂笑也哂詩忍切求
爾何如對曰方六七十如五六十求性謙退言欲得方六七十如
五六十里小國治之而已重意何如十九本篇四餘見學而求也為之比及三年
可使足民如其禮樂以俟君子孔曰求自云能足民而已謂衣食足也若
禮樂之化當以待君子謙也赤爾何如對曰非曰能之願學焉
宗廟之事如會同端章甫願為小相焉鄭曰我非自言能願
學為之宗廟之事謂祭祀也諸侯時見曰會殷覜曰同端玄端也衣玄端冠章甫諸侯日視朝之服小相謂相君之禮相息亮
切注及下同點爾何如鼓瑟希孔曰思所以對故音希鏗爾舍瑟而
作對曰異乎三子者之撰孔曰置瑟起對撰具也為政之具鏗者投瑟之聲鏗

苦耕切舍音捨撰士免切　子曰。何傷乎。亦各言其志也孔曰各言己志於義無傷

曰。莫春者。春服既成。冠者五六人。童子六七人。浴乎沂。風乎舞雩。詠而歸包曰莫春者季春三月也春服既成衣單袷之時我欲得冠者五六人童子六七人浴乎沂水之上風凉於舞雩之下歌詠先王之道而歸夫子之門莫音暮冠古亂切注同沂魚依切雩音于。

夫子喟然嘆曰。吾與點也周曰善點獨知時重意

子罕顏淵喟然嘆曰　三子者出。曾皙後。曾皙曰。夫三子者之言何如。子曰。亦各言其志也已矣。曰。夫子何哂由也。曰。爲國以禮。其言不讓。是故哂之包曰爲國以禮禮貴讓子路言不讓故笑之夫三音符

唯求則非邦也與。安見方六七十如五六十而非邦也者。唯赤則非邦也與。宗廟

會同。非諸侯而何孔曰明皆諸侯之事與子路同徒笑子路不讓與音餘赤也

爲之小。孰能爲之大孔曰赤謙言小相耳誰能爲大相

顏淵第十二凡二十四章

顏淵問仁。子曰。克己復禮爲仁馬曰克己約身孔曰復反也身能反禮則爲仁矣重意問仁七本篇三餘見雍也一日克己復禮。天下歸仁焉馬曰一日猶見歸況終身乎爲仁由己。而由人乎哉孔曰行善在己不在人也

顏淵曰。請問其目包曰知其必有條目故請問之子曰。非禮勿視。非禮勿聽。非禮勿言。非禮勿動鄭曰此四者克己復禮之目顏淵曰。回雖不敏。請事斯語矣王曰敬事此語必行之重言請事斯語矣二重見本文。

仲弓問仁。子曰。出門如見大賓。使民如承

大祭孔曰爲仁之道莫尚乎敬己所不欲勿施於人在邦無怨在家無怨包曰在邦爲諸侯在家爲卿大夫【重言】己所不欲勿施於人二本篇衛靈公各一○【互註】記中庸忠恕爲道不遠施諸己而不願亦勿施於人仲弓曰雍雖不敏請事斯語矣【重言】請事斯語矣二重見上文○司馬牛問仁子曰仁者其言也訒孔曰訒難也牛宋人也弟子司馬犂訒音刃鄭云不忍言也曰其言也訒斯謂之仁已乎子曰爲之難言之得無訒乎孔曰行仁難言仁亦不得不難○司馬牛問君子子曰君子不憂不懼孔曰牛兄桓魋將爲亂牛自宋來學常憂懼故孔子解之【重意】爲政子貢問君子憲問子路問君子曰不憂不懼斯謂之君子已乎子曰内省不疚夫何憂何懼包曰疚病也自省無罪惡無可憂懼疚久又切夫音符【互註】記中庸故君子内省不疚

無惡於去六○司馬牛憂曰人皆有兄弟我獨亡鄭曰牛兄桓魋行惡死亡無日我為無兄弟子夏曰商聞之矣死生有命富貴在天君子敬而無失與人恭而有禮四海之內皆兄弟也君子何患乎無兄弟也包曰君子疏惡而友賢九州之人皆可以禮親○子張問明子曰浸潤之譖膚受之愬不行焉可謂明也已矣鄭曰譖人之言如水之浸潤漸以成之馬曰膚受之愬皮膚外語非其內實浸子鴆反譖側鴆反膚方于反愬蘇路切浸潤之譖膚受之愬不行焉可謂遠也已矣馬曰無此二者非但為明其德行高遠人莫能及○子貢問政子曰足食足兵民信之矣子貢曰必不得已而去於斯三者何先曰去兵子貢曰必不得已而

去於斯二者何先曰去食自古皆有死民無信不立孔曰死者古今常道人皆有之治邦不可失信（去）起呂反下同（重意）問政九本篇齊景公問政於孔子子張問政季康子問政於孔子二子路篇子路問政仲弓爲季氏宰問政葉公問政子夏爲莒父宰問政○棘子成曰君子質而已矣何以文爲鄭曰舊說云棘子成衛大夫（棘）紀力反子貢曰惜乎夫子之說君子也駟不及舌鄭曰惜乎夫子之說君子也過言一出駟馬追之不及（駟）音四文猶質也質猶文也虎豹之鞟猶犬羊之鞟孔曰皮去毛曰鞟虎豹與犬羊別者正以毛文異耳今使文質同者何以別虎豹與犬羊邪（鞟）若郭切○哀公問於有若曰年饑用不足如之何有若對曰盍徹乎鄭曰盍何不也周法什一而稅謂之徹徹通也爲天下之通法（饑）居其反（盍）胡臘切（徹）直列切（重言）如之何十内重言四重意六詳見八佾曰二吾猶不足

如之何其徹也孔曰二謂什二而稅對曰百姓足君孰與不足百姓不足君孰與足孰誰也○子張問崇德辨惑包曰辨別也（重意）本篇上文敢問崇德脩慝辨惑子曰主忠信徙義崇德也包曰徙義見義則徙意而從之（重言）主忠信二見學而子罕本篇名一愛之欲其生惡之欲其死既欲其生又欲其死是惑也包曰愛惡當有常一欲生之一欲死之是心惑也（惡）烏路切注同誠不以富亦祇以異鄭曰此詩小雅也祇適也言此行誠不可以致富適足以爲異耳取此詩之異義以非之（祇）音支行下孟切○齊景公問政於孔子孔子對曰君君臣臣父父子子孔曰當此之時陳恒制齊君不君臣不臣父不父子不子故以對（重言）問政九詳見上文公曰善哉信如君不君臣不臣父不父子不子雖有粟吾得而食

諸（孔曰言將危也陳氏果滅齊）○子曰片言可以折獄者其由也與（孔曰片猶偏也聽訟必須兩辭以定是非偏信一言以折獄者唯子路可也折之古切與音餘〔重意〕公冶從我者其由與子罕而不恥者其由也與）子路無宿諾（宿猶豫也子路篤信恐臨時多故故不豫諾）○子曰聽訟吾猶人也（包曰與人等）必也使無訟乎（王曰化之在前〔互注〕記大學云云無情者不得盡其辭大畏民志此謂知本）○子張問政子曰居之無倦行之以忠（王曰言為政之道居之於身無得懈倦行之於民必以忠信倦其卷切〔重意〕問政九詳見上文○居之無倦子路請益曰無倦）○子曰博學於文約之以禮亦可以弗畔矣夫（鄭曰弗畔不違道夫音符〔重言〕博學於文約之以禮亦可以弗畔矣夫一雍也本篇各一雍也上有君子字）○子曰君子成人之美不成人之惡小人反是○季康子問政於孔子孔子

對曰。政者正也。子帥以正。孰敢不正。鄭曰。康子。魯上卿。諸臣之帥也。〇帥。所類反。又所律反。【互註】記。哀公問曰。敢問何謂爲政。孔子對曰。政者正也。君爲正。則百姓從政矣。君之所爲。百姓之所從也。君所不爲。百姓何從。

〇季康子患盜。問於孔子。孔子對曰。苟子之不欲。雖賞之不竊。孔曰。欲。多情欲。言民化於上。不從其令。從其所好。

〇季康子問政於孔子曰。如殺無道。以就有道。何如。孔曰。就。成也。欲多殺以止姦。【重意】問政。凡八。詳見本篇上文。〇何如。十九。註見學而。孔子對曰。子爲政。焉用殺。子欲善而民善矣。君子之德風。小人之德草。草上之風。必偃。孔曰。亦欲令康子先自正。偃。仆也。加草以風。無不仆者。猶民之化於上。〇焉。於虔反。【互註】孟滕文上。上有好者。下必有甚焉者矣。君子之德。風。小人之德。草也。草上之風。必偃。

〇子張問士。何如斯可謂之達矣。子曰。何哉。

爾所謂達者子張對曰在邦必聞在家必聞鄭曰
言士之所在皆能有名譽重意子路子貢子路皆問曰何如斯可謂之士矣○何如十九詳見學而重言在邦必聞
在家必聞二見下文重意上文在邦必達在家必達子曰是聞也非達也夫達
也者質直而好義察言而觀色慮以下人馬曰常有
謙退之志察言語觀顏色知其所欲其念慮常欲以下人夫音符下同下去聲在邦必達在家必
達馬曰謙尊而光卑而不可踰夫聞也者色取仁而行違居之
不疑馬曰此言佞人假仁者之色行之則違安居其偽而不自疑行下孟切在邦必聞在
家必聞馬曰佞人黨多重言在邦必聞在家必聞二見上文○樊遲從遊於舞
雩之下包曰舞雩之處有壇墠樹木故下可遊焉曰敢問崇德脩慝辨惑
孔曰慝惡也脩治也治惡為善慝吐得切重意上文子張問崇德辨惑子曰善哉問先事

後得。非崇德與。孔曰先勞於事然後得報與音餘 攻其惡。無攻人之
惡。非脩慝與。一朝之忿忘其身。以及其親。非惑
與。○樊遲問仁。子曰。愛人。問知。子曰。知人。樊遲
未達。子曰。舉直錯諸枉。能使枉者直。包曰舉正直之人用之廢置邪枉之人則皆化爲直 知音智 重言 樊遲問仁一 本於論子路下同 錯 十故切下同 枉 紆往切 各一 ○舉直錯諸枉二爲政一 本篇二 樊遲退。見子夏曰。鄉也吾見於夫子而問
知。子曰。舉直錯諸枉。能使枉者直。何謂也。子夏
曰。富哉言乎。孔曰富盛也 鄉 許亮切 見 賢遍切 重言 何謂也六 詳見爲政 舜有天
下。選於衆。舉皐陶。不仁者遠矣。湯有天下。選於
衆。舉伊尹。不仁者遠矣。孔曰言舜湯有天下選擇於衆舉皐陶伊尹則不仁者遠矣仁

者至矣【選】息戀反又息轉反下同【遠】如字又于萬反下同【重言】不仁者遠矣二見上下文○子貢問友。包曰忠告

子曰忠告而善道之不可則止毋自辱焉

以是非告之以善道導之不見從則止必言之或見辱【告】古毒反【道】去聲【毋】音無【重言】不可則止二先進本篇各一

○曾子曰君子以文會友孔曰友以文德合以友輔仁孔曰有相切磋之道所以輔成己之仁

子路第十三 ○凡三十章

子路問政子曰先之勞之孔曰先導之以德使民信之然後勞之易曰說以使民民忘其勞【勞】如字鄭力報切【重意】問政九詳見顏淵請益曰無倦孔曰子路嫌其少故請益曰無倦者行此上事無倦則可【倦】其卷切【重言】請益二雍也本篇各一【重意】無倦顏淵居之無倦○仲弓為季氏宰問政子曰先有司王曰言為政當先任有司而後責其事

〔重意〕問政凡詳見顔淵 赦小過。舉賢才。曰。焉知賢才而舉
之。曰。舉爾所知。爾所不知。人其舍諸 孔曰女所不知者人將自
舉之各舉其所知則賢才無遺〔焉〕於虔切〔舍〕上聲 ○子路曰。衛君待子而爲政
子將奚先 包曰問往將何所先行 子曰。必也正名乎 馬曰正百事之名
子路曰。有是哉。子之迂也。奚其正 包曰迂猶遠也言孔子之言遠於事
也〔迂〕音于 子曰。野哉由也 孔曰野猶不達 君子於其所不知。
蓋闕如也 包曰君子於其所不知當闕而勿據今由不知正名之義而謂之迂遠 名不正
則言不順。言不順則事不成。事不成則禮樂不
興。禮樂不興則刑罰不中 孔曰禮以安上樂以移風二者不行則有淫刑濫罰〔中〕
丁仲切下同 刑罰不中則民無所錯手足。故君子名之

必可言也言之必可行也王曰所名之事必可得而明言所言之事必可得而遵行〔錯〕七故切君子於其言無所苟而已矣○樊遲請學稼子曰吾不如老農請學為圃曰吾不如老圃馬曰樹五穀曰稼樹菜蔬曰圃〔稼〕音嫁〔圃〕布古切又音布樊遲出子曰小人哉樊須也上好禮則民莫敢不敬上好義則民莫敢不服上好信則民莫敢不用情孔曰情情實也言民化於上各以實應〔好〕呼報切下同〔重言〕小人哉二一見上文○上好禮二一本篇憲問各一夫如是則四方之民襁負其子而至矣焉用稼包曰禮義與信足以成德何用學稼以教民乎負者以器曰襁〔夫〕音扶〔襁〕居丈反又作繈博物志云織縷為之廣八寸長丈二以約小兒於背上〔重言〕夫如是四本篇一憲問二季氏一○子曰誦詩三百授之以政不達使於四

方。不能專對。雖多，亦奚以為？專猶獨也。（使）所吏切。（重言）使於四方，二見。

見下文。○子曰：「其身正，不令而行；其身不正，雖令不從。」令，教令也。

○子曰：「魯衛之政，兄弟也。」包曰：魯，周公之封；衛，康叔之封。周公、康叔既為兄弟，康叔睦於周公，其國之政亦如兄弟。

○子謂衛公子荊善居室。王曰：荊與蘧瑗、史鰌並為君子。始有，曰：「苟合矣。」少有，曰：「苟完矣。」富有，曰：「苟美矣。」（完）音桓。

○子適衛，冉有僕。孔曰：孔子之衛，冉有御。子曰：「庶矣哉！」孔曰：庶，眾也。言衛人眾多。冉有曰：「既庶矣，又何加焉？」曰：「富之。」曰：「既富矣，又何加焉？」曰：「教之。」

○子曰：「苟有用我者，期月而已可也，三年有成。」孔曰：言誠有用我於政事者，期月可行其政教，必三年乃有成功。（期）音基。（重意）苟有用我者，陽貨「如有用我者」。○可也，詳見學而。

○子

曰。善人爲邦百年。亦可以勝殘去殺矣。王曰勝殘殘暴之人使不爲惡也去殺不用刑殺也 勝音升注同去上聲 誠哉是言也。孔曰古有此言孔子信之 ○子曰。如有王者。必世而後仁。孔曰三十年曰世如有受命王者必三十年仁政乃成 王于況反又如字注同 ○子曰。苟正其身矣。於從政乎何有。不能正其身。如正人何。重言 於從政乎何有四 雖也三本篇一 ○冉子退朝。周曰謂罷朝於魯君 朝直遥切 子曰。何晏也。對曰。有政。馬曰政者有所改更匡正 晏於諫切 子曰。其事也。馬曰事者凡行常事 如有政。雖不吾以。吾其與聞之。馬曰如有政非常之事我爲大夫雖不見任用必當與聞之 與音預 ○定公問一言而可以興邦。有諸。孔子對曰。言不可以若是其幾也。王曰以其大要一言不能正興國幾近也有近一言可以興國 重言 言不可以

若是其幾也二見下文

人之言曰。爲君難。爲臣不易。如知爲君之難也。不幾乎一言而興邦乎孔曰事不可以一言而成如知此則可近也(易)以豉反

曰。一言而喪邦有諸。孔子對曰。言不可以若是其幾也。人之言曰。予無樂乎爲君。唯其言而莫予違也孔曰言無樂於爲君所樂者唯樂其言而不見違(喪)息浪反(樂)音洛注同

(重言)有諸凡三述而一本篇二○言不可以若是其幾也二重見上文

如其善而莫之違也。不亦善乎。如不善而莫之違也。不幾乎一言而喪邦乎孔曰人君所言善無違之者則善也所言不善而無敢違之者則近一言而喪國

○葉公問政。子曰。近者說。遠者來(葉)舒涉切下同(說)音悅

○子夏爲莒父宰。問政鄭曰舊說云莒父魯下邑(莒)居呂反(父)音甫注同

(重意)問政九詳見顏淵

子路

子曰無欲速無見小利欲速則不達見小利則大事不成孔曰事不可以速成而欲其速則不達矣小利妨大則大事不成○葉公語孔子曰吾黨有直躬者孔曰直躬直身而行語魚據切其父攘羊而子證之周曰有因而盜曰攘攘音如羊切孔子曰吾黨之直者異於是父爲子隱子爲父隱直在其中矣重意爲政衛靈公祿在其中矣述而樂亦在其中矣子張仁在其中矣○樊遲問仁子曰居處恭執事敬與人忠雖之夷狄不可棄也包曰雖之夷狄無禮義之處猶不可棄去而不行棄磬致切重意問仁七詳見雍也○子貢問曰何如斯可謂之士矣子曰行己有恥孔曰有恥者有所不爲重言何如斯可謂之士矣二見下文○何如十九詳見學而重意顏淵子張問士何如斯可謂之達矣使於四方不

辱君命。可謂士矣。曰。敢問其次。曰。宗族稱孝焉。鄉黨稱弟焉。曰。敢問其次。曰。言必信。行必果。硜硜然。小人哉。抑亦可以爲次矣鄭曰行必果所欲行必果敢爲之硜硜者小人之貌也抑亦其次言可以爲次〔使〕所吏切〔弟〕亦作悌同大計切〔行〕下孟切〔硜〕苦耕切【重言】使於四方二見上文。可謂士矣二見下文。小人哉二見上文【互註】孟離婁下言不必信行不必果惟義所在曰。今之從政者何如。子曰。噫。斗筲之人。何足算也鄭曰噫心不平之聲筲竹器容斗二升算數也〔噫〕於其切筲所交切〔算〕悉亂切本或作筭【重言】子曰噫三本篇先進各【重意】何如十九詳見學而。子曰。不得中行而與之。必也狂狷乎包曰中行行能得其中者言不得中行則欲得狂狷者〔狷〕音絹狂者進取。狷者有所不爲也包曰狂者進取於善道狷者守節無爲欲得此二人者以時多進退取其恒一【互註】孟盡心下孟子曰孔子不得中道而與之

必也狂狷乎狂者進取狷者有所不爲也孔子豈不欲中道哉不可必得故思其次也○子曰南人有
言曰人而無恒不可以作巫醫孔曰南人南國之人鄭曰言巫醫不能治
無恒之人醫於其切善夫包曰善南人之言也夫音符不恒其德或承之羞
孔曰此易恒卦之辭言德無常則羞辱承之子曰不占而已矣鄭曰易所以占吉凶無恒
之人易所不占互註記緇衣子曰南人有言曰人而無恒不可以爲卜筮古之遺言與龜筮猶不能知也而况於人乎至
易曰不恒其德或承之羞恒其德偵婦人吉夫子凶○子曰君子和而不同小人
同而不和君子心和然其所見各異故曰不同小人所嗜好者同然各爭利故曰不和○子貢
問曰鄉人皆好之何如子曰未可也鄉人皆惡
之何如子曰未可也不如鄉人之善者好之其
不善者惡之孔曰善人善己惡人惡己是善善明是惡惡惡著好呼報切惡烏路切注及下同重意

原闕第十五至廿一葉

己以安百姓。脩己以安百姓。堯舜其猶病諸。（孔曰：病猶難也。【難】去聲。○如斯而已乎，本篇兩言之。堯舜其猶病諸，二：雍也、本篇各一。）

原壤夷俟。（馬曰：原壤，魯人，孔子故舊。夷，踞；俟，待也。踞待孔子。【壤】而丈切。）子曰：幼而不孫弟，長而無述焉，老而不死，是爲賊。（賊謂賊害。【孫】音遜。【弟】大計切。【長】丁丈切。）以杖叩其脛。（孔曰：叩，擊也。脛，腳脛。【叩】音口。【脛】户定切。）

○闕黨童子將命。（馬曰：闕黨之童子將命者，傳賓主之語出入。【傳】直專切。）或問之曰：益者與？子曰：吾見其居於位也，（童子隅坐無位，成人乃有位。【與】音餘。）見其與先生並行也，非求益者也，欲速成者也。（包曰：先生，成人也。並行不差在後，違禮，欲速成人者，則非求益也。）

衛靈公第十五 ○凡四十九章（今四十一章）

衛靈公問陳於孔子。（孔曰：軍陳行列之法。【陳】直刃切，注同。）孔子對曰：俎豆之事則嘗聞之矣孔曰俎豆禮器俎側呂切軍旅之事未之學也鄭曰萬二千五百人爲軍五百人爲旅軍旅末事本未立不可教以末事明日遂行在陳絶糧從者病莫能興孔曰從者弟子興起也孔子去衛如曹曹不容又之宋宋遭匡人之難又之陳會吳伐陳陳亂故乏食糧音良從才用切子路慍見曰君子亦有窮乎子曰君子固窮小人窮斯濫矣濫溢也君子固亦有窮時但不如小人窮則濫溢爲非慍紆問切見賢遍切濫力暫切鄭云竊也○子曰賜也女以予爲多學而識之者與對曰然孔曰然謂多學而識之與音餘朱曰識音志○非與孔曰問今不然重言對曰然本篇微子各一曰非也予一以貫之善有元事有會天下殊途而同歸百慮而一致知其元則衆善舉矣故不待多學一以知之貫古亂切重意里仁吾道一以貫之○子曰由知德者鮮矣王曰君子固窮而子路慍見故謂之少於知德鮮上

聲〔重意〕學而而好犯上者鮮矣　里仁以約失之者鮮矣○子曰無爲而治者其
舜也與何爲哉恭己正南面而已矣〔言任官得其人故無
爲而治（治）直吏切（夫）音符〕○子張問行子曰言忠信行篤敬雖
蠻貊之邦行矣言不忠信行不篤敬雖州里行
乎哉〔鄭曰萬二千五百家爲州五家爲鄰五鄰爲里行乎哉言不可行（行篤）下孟切下行不篤敬亦同（貊）亡白切〕
立則見其參於前也在輿則見其倚於衡也夫
然後行〔包曰衡軛也言思念忠信立則常想見參然在目前在輿則若倚車軛（參）所金切注同（輿）音餘（倚）於綺切
注同（夫）音符〕子張書諸紳〔孔曰紳大帶（紳）音申〕○子曰直哉史魚〔孔曰
衛大夫史鰌〕邦有道如矢邦無道如矢〔孔曰有道無道行直如矢言不曲（行）去聲〕
〔重意〕邦有道如矢詳見公冶長　君子哉蘧伯玉邦有道則仕邦無

道則可卷而懷之包曰卷而懷謂不與時政柔順不忤於人(刪)眷勉切(往同)(與)音預○

(重意)憲問入公冶長並君子哉若人。○公冶邦有道不發邦無道免於刑戮憲問邦有道危言危行邦無道危行言遜○

子曰。可與言而不與之言。失人。不可與言而與之言。失言。知者不失人。亦不失言(知)音智○子曰。志士仁人。無求生以害仁。有殺身以成仁孔曰無求生以害仁死而後成仁則志士仁人不愛其身也○子貢問為仁。子曰。工欲善其事。必先利其器。居是邦也。事其大夫之賢者。友其士之仁者孔曰言工以利器為用人以賢友為助○顏淵問為邦。子曰。行夏之時據見萬物之生以為四時之始取其易知乘殷之輅馬曰殷車曰大輅左傳曰大輅越席昭其儉也(輅)音路服周之冕包曰冕禮冠周之禮文而備取其黈纊塞耳不任視聽樂則韶舞（韶舜樂也盡善盡美故取之）放鄭聲遠佞人鄭聲淫佞人殆（孔曰鄭聲佞人亦俱能惑人心與雅樂賢人同而使人淫亂危殆故當放遠之）【遠】于萬反【佞】乃定反○子曰人無遠慮必有近憂（王曰君子當思患而預防之）○子曰已矣乎吾未見好德如好色者也【重言】吾未見好德如好色者也凡二本篇子罕各一【重意】公冶長已矣乎吾未見能見其過【互註】記坊記子曰好德如好色○子曰臧文仲其竊位者與知柳下惠之賢而不與立也（孔曰柳下惠展禽知賢而不舉是為竊位者）【與】音餘○子曰躬自厚而薄責於人則遠怨矣（孔曰責己厚責人薄所以遠怨咎）【遠】于萬反注同○子曰不曰如之何如之何者（孔曰不曰如之何者猶言不曰奈是何）【重言】如之何如之何詳見為政【重意】如之何詳見為政吾末如之何也已矣（孔曰如之何者言禍難已成吾亦無如之何）【難】乃旦反【重言】

吾末如之何也已矣二子罕本篇○子曰羣居終日言不及義好行小慧難矣哉鄭曰小慧謂小小之才知難矣哉言終無成慧音惠知音智重言難矣哉二一本篇陽貨各一○子曰君子義以爲質禮以行之孫以出之信以成之君子哉鄭曰義以爲質謂操行孫以出之謂言語孫音遜重意信以成之君子哉詳見公冶長○子曰君子病無能焉不病人之不己知也包曰君子之人但病無聖人之道不病人之不己知重意不病人之不己知也詳見學而○子曰君子疾沒世而民不稱焉疾猶病也○子曰君子求諸己小人求諸人君子責己小人責人○子曰君子矜而不爭包曰矜矜莊也羣而不黨孔曰黨助也君子雖衆不相私助義之與比○子曰君子不以言舉人包曰有言者不必有德故不可以言舉人不以人廢言王曰不可以無德而

發善言○子貢問曰有一言而可以終身行之者乎。子曰其恕乎己所不欲勿施於人言己之所惡勿加施於人【重言】己所不欲勿施於人重見顏淵【互註】記中庸忠恕違道不遠施諸己而不願亦勿施於人○子曰吾之於人也誰毀誰譽。如有所譽者其有所試矣包曰所譽者輒試以事不虛譽而已譽音餘下同斯民也三代之所以直道而行也馬曰三代夏殷周用民如此無所阿私所以云直道而行○子曰吾猶及史之闕文也包曰古之良史於書字有疑則闕之以待知者有馬者借人乘之今亡矣夫包曰有馬不能調良則借人乘習之孔子自謂及見其人如此至今無有矣言此者以俗多穿鑿夫音符○子曰巧言亂德小不忍則亂大謀孔曰巧言利口則亂德義小不忍則亂大謀○子曰衆惡之必察焉衆好之必察焉王曰或衆阿黨比周或其人特立不羣故好惡不可不察也(惡)烏路反注同(好)呼報反 ○子曰人能弘道非道弘人 王曰才大者道隨大才小者道隨小故不能弘人 ○子曰過而不改是謂過矣 (互註)左宣二年晉靈公曰吾知所過矣將改之士季曰人誰無過過而能改善莫大焉衮職有闕仲山甫補之能補過也君能補過衮不廢矣 ○子曰吾嘗終日不食終夜不寢以思無益不如學也 ○子曰君子謀道不謀食耕也餒在其中矣學也祿在其中矣君子憂道不憂貧 鄭曰餒餓也言人雖念耕而不學故飢餓學則得祿雖不耕而不餒此勸人學(餒)奴罪反 (重意)爲政祿在其中矣述而樂亦在其中矣子路直在其中矣子張仁在其中矣 ○子曰知及之仁不能守之雖得之必失之 包曰知能及治其官而仁不能守雖得之必失之(知)音智注及下同 (重言)知及之三重見下文 知及之仁能守之不莊以

莅之則民不敬包曰不嚴以臨之則民不敬從其上莅音利〔重言〕仁能守之二重見下文知及之仁能守之莊以莅之動之不以禮未善也王曰動必以禮然後善○子曰君子不可小知而可大受也小人不可大受而可小知也王曰君子之道深遠不可小了知而可大受小人之道淺近可小了知而不可大受也○子曰民之於仁也甚於水火馬曰水火及仁皆民所仰而生者仁最為甚水火吾見蹈而死者矣未見蹈仁而死者也馬曰蹈水火或時殺人蹈仁未嘗殺人蹈徒報反○子曰當仁不讓於師孔曰當行仁之事不復讓於師言行仁急不復音扶又反○子曰君子貞而不諒孔曰貞正諒信也君子之人正其道耳言不必小信○子曰事君敬其事而後其食孔曰先盡力而後食祿○子曰有教無類馬曰言人所在見教無有

種類。○子曰道不同不相爲謀（爲于僞反）○子曰辭達而已矣（孔曰凡事莫過於實辭達則足矣不煩文艷之辭）○師冕見（孔曰師樂人盲者名冕見賢遍反）及階子曰階也及席子曰席也皆坐子告之曰某在斯某在斯（孔曰歷告以坐中人姓字所在處）師冕出子張問曰與師言之道與子曰然固相師之道也（馬曰相導也與音余相息亮反鄭云相扶也）重言子曰然二陽貨本篇各一

季氏第十六○（凡十四章朱云洪氏曰此篇或以爲齊論）

季氏將伐顓臾冉有季路見於孔子曰季氏將有事於顓臾（孔曰顓臾伏羲之後風姓之國本魯之附庸當時臣屬魯季氏貪其土地欲滅而取之冉有與季路爲季氏臣來告孔子顓音專臾音渝見賢遍反）孔子曰求無乃爾是過與

孔曰冉求爲季氏宰相其室爲之聚斂故孔子獨疑求教之【與】音予下同【相】息亮反【爲】于僞反 夫顓臾昔者先王以爲東蒙主 孔曰使主祭蒙山【夫】音符下今夫疾夫夫如是並同 且在邦域之中矣 孔曰魯七百里之封顓臾爲附庸在其域中 是社稷之臣也何以伐爲 孔曰已屬魯爲社稷之臣何用滅之爲 冉有曰夫子欲之吾二臣者皆不欲也 孔曰歸咎於季氏 孔子曰求周任有言曰陳力就列不能者止 馬曰周任古之良史言當陳其才力度己所任以就其位不能則當止 危而不持顛而不扶則將焉用彼相矣 包曰言輔相人者當能持危扶顛若不能何用相爲【焉】於虔反【相】息亮反注同下相夫子同 且爾言過矣虎兕出於柙龜玉毀於櫝中是誰之過與 馬曰柙檻也櫝匱也失虎毀玉豈非典守之過邪【兕】徐履反【柙】戶甲反【櫝】音獨下同【重意】子張言游過矣 冉有曰今

夫顓臾固而近於費 馬曰固謂城郭完堅兵甲利也費季氏邑費悲位反注同 今不

取後世必爲子孫憂孔子曰求君子疾夫 孔曰疾如汝之言 夫音扶 舍曰欲之而必爲之辭 孔曰舍其貪利之說而更作他辭是所疾也舍音捨

丘也聞有國有家者不患寡而患不均 孔曰國諸侯家卿大夫不患土地人民之寡少患政理之不均平 不患貧而患不安 孔曰憂不能安民耳民安則國富

蓋均無貧和無寡安無傾 包曰政教均平則不貧矣上下和同不患寡矣小大安寧不傾危矣 夫如是故遠人不服則修文德以來

之既來之則安之今由與求也相夫子遠人不

服而不能來也邦分崩離析而不能守也 孔曰民有異心曰分欲去曰崩不可會聚曰離析 析星歷反 重言 夫如是 四子路 憲問二 一本篇二 而謀動干戈

季氏

於邦内孔曰干楯也戈戟也楯食允反吾恐季孫之憂不在顓臾而在蕭牆之内也鄭曰蕭之言肅也牆謂屏也君臣相見之禮至屏而加肅敬焉是以謂之蕭牆後季氏家臣陽虎果囚季桓子○孔子曰天下有道則禮樂征伐自天子出。天下無道。則禮樂征伐自諸侯出自諸侯出。蓋十世希不失矣孔曰希少也周幽王爲犬戎所殺平王東遷周始微弱諸侯自作禮樂專行征伐始於隱公至昭公十世失政死於乾侯乾音干自大夫出五世希不失矣孔曰季文子初得政至桓子五世爲家臣陽虎所囚陪臣執國命三世希不失矣馬曰陪重也謂家臣陽虎爲季氏家臣至虎三世而出奔齊陪蒲回反天下有道則政不在大夫孔曰制之由君天下有道則庶人不議孔曰無所非議重言天下有道四本篇三微子一重意泰伯天下有道則見微子天下有道丘不與易也○孔子曰祿之去公室五世矣鄭曰言此之時魯定公之初魯自東門襄仲殺文公之子赤而立宣公於是政在大夫爵祿不從君出至定公爲五世矣政逮於大夫四世矣孔曰文子武子悼子平子逮音代故夫三桓之子孫微矣孔曰三桓謂仲孫叔孫季孫三卿皆出桓公故曰三桓也仲孫氏改其氏稱孟氏至哀公皆衰夫音扶

○孔子曰益者三友損者三友友直友諒友多聞益矣友便辟馬曰便辟巧辟人之所忌以求容媚便辟上婢綿反下婢亦反注及下皆同友善柔馬曰面柔也友便佞損矣鄭曰便辯也謂佞而辯佞乃定反

○孔子曰益者三樂損者三樂樂節禮樂動得禮樂之節三樂五教反下不音者同禮樂音岳樂道人之善樂多賢友益矣樂驕樂孔曰恃尊貴以自恣驕樂音洛樂佚遊王曰佚遊出入不節樂宴樂損矣孔曰宴樂沈荒淫瀆三者自損之道

○孔子曰侍於

君子有三愆〔孔曰愆過也愆起虔反〕言未及之而言謂之躁〔鄭曰躁不安靜躁早報反〕言及之而不言謂之隱〔孔曰隱匿不盡情實〕未見顏色而言謂之瞽〔周曰未見君子顏色所趨嚮而便逆先意語者猶瞽也瞽音古〕○孔子曰君子有三戒少之時血氣未定戒之在色及其壯也血氣方剛戒之在鬬及其老也血氣既衰戒之在得〔孔曰得貪得少詩照反鬬丁豆反〕○孔子曰君子有三畏畏天命〔順吉逆凶天之命也〕畏大人〔大人即聖人與天地合其德〕畏聖人之言〔深遠不可易知測聖人之言也〕小人不知天命而不畏也狎大人〔恢疏故不知畏直而不肆故狎之狎戶甲反〕侮聖人之言〔不可小知故侮之〕

○孔子曰生而知之者上也學而知之者次也

困而學之又其次也孔曰困謂有所不通【重意】述而知之次也困而不學民斯爲下矣【互注】記中庸或生而知之或學而知之或困而知之及其知之一也○孔子曰君子有九思視思明聽思聰色思温貌思恭言思忠事思敬疑思問忿思難見得思義【忿】芳粉反【難】乃旦反【重言】見得思義二一本篇子張各一○孔子曰見善如不及見不善如探湯吾見其人矣吾聞其語矣孔曰探湯喻去惡疾【探】吐南反【重言】吾聞其語矣本篇及下文凡二見隱居以求其志行義以達其道吾聞其語矣未見其人也○齊景公有馬千駟死之日民無德而稱焉孔曰千駟四千匹【駟】音四【重意】泰伯三以天下讓民無得而稱焉伯夷叔齊餓于首陽之下馬曰首陽山在河東蒲坂

縣華山之北河曲之中民到于今稱之其斯之謂與王曰此所謂以德爲
稱與音餘（重言）其斯之謂與凡二學而本篇各一○陳亢問於伯魚曰子亦
有異聞乎馬曰以爲伯魚孔子之子所聞當有異（亢）音剛又苦浪切對曰未也嘗
獨立孔曰獨立謂孔子（重言）對曰未也四上下文三陽貨一鯉趨而過庭曰學
詩乎對曰未也不學詩無以言鯉退而學詩他
日又獨立鯉趨而過庭曰學禮乎對曰未也不
學禮無以立鯉退而學禮聞斯二者陳亢退而
喜曰問一得三聞詩聞禮又聞君子之遠其子
也（鯉）音里伯魚名也（遠）于萬反（重意）孔曰不知禮無以立也○邦君之妻君稱
之曰夫人夫人自稱曰小童邦人稱之曰君夫人

人稱諸異邦曰寡小君。異邦人稱之亦曰君夫人。孔曰小君君夫人之稱對異邦謙故曰寡小君當此之時諸侯嫡妾不正稱號不審故孔子正言其禮也稱尺正反下同

陽貨第十七 ○凡二十六章

陽貨欲見孔子。孔子不見。孔曰陽貨陽虎也季氏家臣而專魯國之政欲見孔子使仕 歸孔子豚。孔曰欲使往謝故遺孔子豚豚徒門反歸如字鄭本作饋 孔子時其亡也。而往拜之。遇諸塗。孔曰塗道也於道路與相逢塗音徒 互註 亡孟滕文公下陽貨欲見孔子而惡無禮大夫有賜於士不得受於其家則往拜其門陽貨瞰孔子之亡也而饋孔子蒸豚孔子亦瞰其亡也而往拜之當是時陽貨先豈得不見 謂孔子曰。來。予與爾言。曰。懷其寶而迷其邦。可謂仁乎。曰不可。馬曰言孔子不仕是懷寶也知國不治而不爲政是迷邦也 重言 可謂仁乎一雍也本篇各一 ○不可三先進一本篇二 好從事而亟失

時。可謂知乎。曰。不可孔曰言孔子栖栖好從事而數不遇失時不得爲有知（好）呼報反注同（亟）去冀反（知）音智注同日月逝矣。歲不我與。馬曰年老歲月已往當急仕孔子曰。諾。吾將仕矣孔曰以順辭免○子曰。性相近也。習相遠也孔曰君子慎所習子曰。唯上知與下愚不移孔曰上知不可使爲惡下愚不可使強賢○子之武城。聞弦歌之聲孔曰子游爲武城宰夫子莞爾而笑莞爾小笑貌（莞）華板反曰。割雞焉用牛刀孔曰言治小何須用大道焉於虔反子游對曰。昔者偃也聞諸夫子曰。君子學道則愛人。小人學道則易使也孔曰道謂禮樂也樂以和人人和則易使也（易）以豉反（重言）聞諸夫子二重見下文子曰。二三子孔曰從行者（重意）二三子二三子詳見八佾偃之言是也。前言戲之耳戲以治小而用大道○公山弗擾以費畔。召。子欲往。孔曰弗擾爲季氏宰與陽虎共執季桓子而召孔子　擾而小反　費悲位反　重言　子欲往二　見下文　子路不說。曰。末之也已。何必公山氏之之也。孔曰之適也無可之則止　何必公山氏之適　說音悅　重言　子路不說二　雍也本篇各一　子曰。夫召我者。而豈徒哉。如有用我者。吾其爲東周乎。興周道於東方故曰東周　夫音扶　重意　子路苟有用我者　朞月而已可也　○子張問仁於孔子。孔子曰。能行五者於天下爲仁矣。請問之。曰。恭寬信敏惠。恭則不侮。孔曰不見侮慢　重意　問仁七　詳見雍也　寬則得衆。信則人任焉。敏則有功。孔曰應事疾則多成功　重言　寬則得衆二　敏則有功二　本篇堯曰各一　重意　信則人任焉　堯曰信則民任焉　惠則足以使人。○佛肸召。子欲往。孔曰晉大夫趙簡子之邑宰　佛音弼　肸許密反　重言　子欲往二

見上文 子路曰昔者由也聞諸夫子曰親於其身
爲不善者君子不入也孔曰不入其國〔重言〕聞諸夫子曰一重見下文佛
肸以中牟畔子之往也如之何子曰然有是言
也不曰堅乎磨而不磷不曰白乎涅而不緇孔曰
磷薄也涅可以染皂言至堅者磨之而不薄至白者染之於涅而不黑喻君子雖在濁亂濁亂不能汚甃末多反磷力刃反涅
乃結反說文云謂黑土在水中者也緇側其反〔重言〕如之何四詳見爲政子曰然一本篇衛靈公各一〔重意〕知之
何六詳見爲政 吾豈匏瓜也哉焉能繫而不食匏瓠也言匏瓜得繫一處
者不食故也吾自食物當東西南北不得如不食之物繫滯一處匏薄交反瓜古花反焉於虔反 ○子曰由
也女聞六言六蔽矣乎六言六蔽者謂下六事仁知信直勇剛也女音汝下同蔽必袂
反知音智 對曰未也居吾語女孔曰子路起對故使之還坐語魚據反〔重言〕居曰

未也四季氏三本篇一好仁不好學其蔽也愚孔曰仁者愛物不知所以裁之則愚
(好)呼報反下同好知不好學其蔽也蕩孔曰蕩無所適守好信不好
學其蔽也賊孔曰父子不知相爲隱之輩好直不好學其蔽也
絞好勇不好學其蔽也亂好剛不好學其蔽也
狂孔曰狂妄抵觸人(絞)交卯反○子曰小子何莫學夫詩包曰小子門人
也(夫)音符詩可以興孔曰興引譬連類(興)許應反注同可以觀鄭曰觀風俗之盛衰(觀)如
字可以羣孔曰羣居相切磋可以怨孔曰怨刺上政邇之事父遠之
事君孔曰邇近也多識於鳥獸草木之名○子謂伯
魚曰女爲周南召南矣乎人而不爲周南召南
其猶正牆面而立也與馬曰周南召南國風之始樂得淑女以配君子三綱之首王教

之端故人而不爲如向牆而立女爲音汝。子曰。禮云禮云。玉帛云乎哉鄭曰玉帛璋之屬帛束帛之屬言禮非但崇此玉帛而已所貴者乃貴其安上治民樂云樂云。鍾鼓云乎哉馬曰樂之所貴者移風易俗非謂鍾鼓而已。子曰。色厲而内荏孔曰荏柔也爲外自矜厲而内柔佞荏音稔譬諸小人。其猶穿窬之盜也與孔曰爲人如此猶小人之有盜心穿穿壁窬窬牆窬音俞也與音餘。子曰。鄉原。德之賊也周曰所至之鄉輒原其人情而爲意以待之是賊亂德也一曰鄉向也古字同謂人不能剛毅而見人輒原其趣向容媚而合之言此所以賊德互註孟盡心下孔子曰過我門而不入我室我不憾焉者其推鄉原乎鄉原德之賊也鄉如字又作向。子曰。道聽而塗說。德之棄也馬曰聞之於道路則傳而說之傳直專反說如字。子曰。鄙夫可與事君也與哉孔曰言不可與事君與音餘其未得之也。患得之患得之者患不能得之楚俗言既得之。患失之苟患失之無所不至矣鄭曰無所不至者言其邪媚無所不爲○子曰古者民有三疾今也或是之亡也包曰言古者民疾與今時異古之狂也肆包曰肆極意敢言今之狂也蕩孔曰蕩無所據古之矜也廉馬曰有廉隅今之矜也忿戾孔曰惡理多怒戾力計反古之愚也直今之愚也詐而已矣○子曰巧言令色鮮矣仁王曰巧言無實令色無質鮮仙善反重言巧言令色鮮矣仁二學而本篇各一○子曰惡紫之奪朱也孔曰朱正色紫間色之好者惡其邪好而奪正色惡烏路反下同邪似嗟反惡鄭聲之亂雅樂也包曰鄭聲淫聲之哀者惡其亂雅樂惡利口之覆邦家者孔曰利口之人多言少實苟能悅媚時君傾覆國家覆芳服反注同互註孟子盡心下孔子惡似而非者惡莠恐其亂苗也惡佞恐其亂義也惡利口恐其亂信也惡鄭聲恐其亂樂也惡紫恐其亂朱也惡鄉原恐其亂德也○

子曰予欲無言子貢曰子如不言則小子何述
焉言之爲益少故欲無言子曰天何言哉四時行焉百物生
焉天何言哉（重言）天何言哉二本篇兩言之○孺悲欲見孔子孔
子辭以疾將命者出戶取瑟而歌使之聞之孺悲
魯人也孔子不欲見故辭之以疾爲其將命者不已故歌令將命者悟所以令孺悲思之（孺）而樹反○宰我問
三年之喪期已久矣君子三年不爲禮禮必壞
三年不爲樂樂必崩舊穀既沒新穀既升鑽燧
改火期可已矣馬曰周書月令有更火之文春取榆柳之火夏取棗杏之火季夏取桑柘之火秋取
柞楢之火冬取槐檀之火一年之中鑽火各異木故曰改火也（期已）音基下同又（期）可居宜反（鑽）子官反（燧）音遂子曰
食夫稻衣夫錦於女安乎曰安女安則爲之夫

君子之居喪食旨不甘聞樂不樂居處不安故不爲也今女安則爲之【孔曰旨美也責其無仁恩於親故再言女安則爲之食夫上音嗣下音符下同衣於既反女並音汝聞樂不樂上音岳下音洛】宰我出子曰予之不仁也子生三年然後免於父母之懷【馬曰子生未三歲爲父母所懷抱】夫三年之喪天下之通喪也【孔曰自天子達於庶人】予也有三年之愛於其父母乎【孔曰言子之於父母欲報之恩昊天罔極而予也有三年之愛乎】【互註】【記三年問故三年之喪人道之至文者也夫是之謂至隆是百王之所同古今之所壹也未有知其所由來者也孔子曰子生三年然後免於父母之懷夫三年之喪天下之達喪也】

○子曰飽食終日無所用心難矣哉不有博弈者乎爲之猶賢乎已【馬曰爲其無所據樂善生淫欲弈音亦】【重言】【難矣哉二衛靈公本篇各一】

○子路曰君子

尚勇乎。子曰：君子義以爲上，君子有勇而無義爲亂，小人有勇而無義爲盜。○子貢曰：君子亦有惡乎。子曰：有惡。惡稱人之惡者，包曰：好稱說人之惡，所以爲惡。惡去聲，下同。之惡如字。惡居下流而訕上者，孔曰：訕，謗毀。訕所諫反。惡勇而無禮者，惡果敢而窒者。馬曰：窒，窒塞也。窒音珍栗反。曰：賜也亦有惡乎。惡徼以爲知者，孔曰：徼，抄也。抄人之意以爲己有。徼古堯反。知音智。惡不孫以爲勇者，惡訐以爲直者。包曰：訐謂攻發人之陰私。孫音遜，下同。訐居謁反。○子曰：唯女子與小人爲難養也，近之則不孫，遠之則怨。遠于萬反。○子曰：年四十而見惡焉，其終也已。鄭曰：年在不惑而爲人所惡，終無善行。惡烏路反。

微子第十八 ○凡十一章此篇多記聖賢之出處

微子去之箕子爲之奴比干諫而死馬曰微箕二國名子爵也微子紂之庶兄箕子比干紂之諸父微子見紂無道早去之箕子佯狂爲奴比干以諫見殺孔子曰殷有三仁焉仁者愛人三人行異而同稱仁以其俱在憂亂寧民也○柳下惠爲士師孔曰士師典獄之官三黜人曰子未可以去乎曰直道而事人焉往而不三黜孔曰苟直道以事人所至之國俱當復三黜（三）息暫反又如字（黜）敕律反（焉）於虔反枉道而事人何必去父母之邦（枉）紆往反○齊景公待孔子曰若季氏則吾不能以季孟之閒待之孔曰魯三卿季氏爲上卿最貴孟氏爲下卿不用事言待之以二者之間曰吾老矣不能用也孔子行以聖道難行故一云吾老不能用（重言）孔子行二見上下文○齊人歸女

樂季桓子受之三日不朝孔子行孔曰桓子季孫斯也使定公受齊之女樂君臣相與觀之廢朝禮歸如字又其貴反樂並如字注同朝直遥反注同○楚狂接輿歌而過孔子孔曰接輿楚人佯狂而來歌欲以感切孔子輿音餘下同曰鳳兮鳳兮何德之衰孔曰比孔子於鳳鳥鳳鳥待聖君乃見非孔子周行求合故曰衰往者不可諫孔曰已往所行不可復諫止來者猶可追孔曰自今已來可追自止避亂隱居已而已而今之從政者殆而孔曰已而已而者言世亂已甚不可復治也再言之者傷之深也孔子下欲與之言趨而辟之不得與之言包曰下下車辟音避下同○長沮桀溺耦而耕孔子過之使子路問津焉鄭曰長沮桀溺隱者也耜廣五寸二耜爲耦津濟渡處沮七餘反溺乃歷反耦五口反長沮曰夫執輿者爲誰子路曰爲孔丘曰是魯孔丘與曰

是也。曰。是知津矣。馬曰言數周流自知津處(夫)音符(與)音餘(數)所角反(處)昌慮反【重意】陽貨偃之言是也問於桀溺。桀溺曰。子爲誰。曰。爲仲由。曰。是魯孔丘之徒與。對曰。然。曰。滔滔者天下皆是也。而誰以易之孔曰滔滔周流之貌言當今天下治亂同空舍此適彼故曰誰以易之(與)音餘(滔)吐刀反(舍)音捨【重言】對曰然二本篇衛靈公各一且而與其從辟人之士也。豈若從辟世之士哉士有辟人之法有辟世之法長沮桀溺謂孔子爲士從辟人之法己之爲士則從辟世之法(辟)音避注同耰而不輟鄭曰耰覆種也輟止也覆種不止不以津告(輟)張劣反子路行以告。夫子憮然爲其不達己意而便非己也(憮)音呼又音武曰鳥獸不可與同羣孔曰隱於山林是同羣吾非斯人之徒與而誰與孔曰吾自當與此天下人同羣安能去人從鳥獸居乎(與)並如字又並音餘天下有道丘

不與易也 言凡天下有道者丘皆不與易也己大而人小故也 重言 天下有道四 季氏三 本篇一 重意 泰伯天下有道則見 季氏天下有道則禮樂征伐自天子出 又天下有道則政不在大夫 又天下有道則庶人不議

○子路從而後遇丈人以杖荷蓧 包曰丈人老人也蓧竹器 從才用反 荷何可反又音何 蓧徒弔反 子路問曰子見夫子乎丈人曰四體不勤五穀不分孰爲夫子 包曰丈人云不勤勞四體不分殖五穀誰爲夫子而索之邪 分如字又去声 植其杖而芸 孔曰植倚也除草曰芸 植音值又市力反 芸音云 子路拱而立 未知所以荅 拱居勇反 止子路宿殺雞爲黍而食之見其二子焉明日子路行以告子曰隱者也使子路反見之至則行矣 孔曰子路反至其家丈人出行不在 食音似 見其賢遍反 子路曰不仕無義 鄭曰留言以語丈人之二子 長幼之節不可廢

也君臣之義如之何其廢之孔曰言女知父子相養不可廢反可廢君臣之義長丁丈反欲絜其身而亂大倫包曰倫道理也君子之仕也行其義也道之不行已知之矣包曰言君子之仕所以行君臣之義不必自己道得行孔子道不見用自已知之已知音紀又音以○逸民伯夷叔齊虞仲夷逸朱張柳下惠少連逸民者節行超逸也包曰此七人皆逸民之賢者少詩照反下文同子曰不降其志不辱其身伯夷叔齊與鄭曰言其直己之心不入庸君之朝與音餘謂柳下惠少連降志辱身矣言中倫行中慮其斯而已矣孔曰但能言應倫理行應思慮如此而已中丁仲反下同謂虞仲夷逸隱居放言包曰放置也不復言世務身中清廢中權馬曰清純絜也遭亂世自廢棄以免患合於權也廢方肺反我則異於是無可無不

可馬曰亦不必進亦不必退唯義所在。○大師摯適齊。亞飯干適楚孔曰亞次也次飯樂師也摯干皆名〔大〕音太〔摯〕音至〔亞〕於嫁反〔飯〕扶晚反下同三飯繚適蔡。四飯缺適秦包曰三飯四飯樂章名各異師繚缺皆名〔繚〕音了〔缺〕窺悅反鼓方叔入於河包曰鼓擊鼓者方叔名入謂居於河內播鼗武入於漢孔曰播搖也武名也〔播〕波佐反〔鼗〕徒刀反少師陽擊磬襄。入於海孔曰魯哀公時禮壞樂崩樂人皆去陽襄皆名〔少〕詩照反○周公謂魯公曰孔曰魯公周公之子伯禽封於魯君子不施其親孔曰施易也不以他人之親易己之親〔施〕式豉反〔易〕音亦下同不使大臣怨乎不以孔曰以用也怨不見聽用故舊無大故則不棄也。無求備於一人孔曰大故謂惡逆之事○周有八士。伯達伯适仲突仲忽叔夜叔夏季隨季騧包曰周時四乳生八子皆為顯仕故記之耳〔适〕古活反〔突〕他沒反〔騧〕古花反

子張第十九○凡二十五章此篇皆記弟子之言而子夏爲多蓋其門人所記

子張曰士見危致命孔曰致命不愛其身見得思義祭思敬喪思哀其可已矣重言見得思義二本篇季氏各一○子張曰執德不弘信道不篤焉能爲有焉能爲亡孔曰言無所輕重焉於虔反○子夏之門人問交於子張孔曰問與人交接之道子張曰子夏云何對曰子夏曰可者與之其不可者拒之子張曰異乎吾所聞君子尊賢而容衆嘉善而矜不能我之大賢與於人何所不容我之不賢與人將拒我如之何其拒人也包曰友交當如子夏汎交當如子張拒其呂切與音余下同○子夏曰雖小道必有可觀者焉小道

謂異端致遠恐泥包曰泥難不通泥乃細反下同是以君子不爲也。○子夏曰日知其所亡孔曰日知其所未聞月無忘其所能可謂好學也已矣〔重意〕學而可謂好學也已無矣字○子夏曰博學而篤志孔曰廣學而厚識之切問而近思切問者切問於己所學未悟之事近思者思己所未能及之事汎問所未學遠思所未達則於所習者不精所思者不解仁在其中矣〔重意〕爲政祿在其中矣述而樂亦在其中矣子路直在其中矣衛靈公學也祿在其中矣○子夏曰百工居肆以成其事君子學以致其道包曰言百工處其肆則事成猶君子學以致其道○子夏曰小人之過也必文孔曰文飾其過不言情實○子夏曰君子有三變望之儼然即之也溫聽其言也厲鄭曰厲嚴正○子夏曰君子信而後勞其民未信則以爲厲己也王曰厲猶病也信而後諫未信則以爲謗己也謗布浪反○子夏曰大德不踰閑孔曰閑猶法也小德出入可也孔曰小德不能不踰法故曰出入可重言可也五詳見學而○子游曰子夏之門人小子當洒掃應對進退則可矣抑末也本之則無如之何包曰言子夏弟子但當對賓客脩威儀禮節之事則可然此但是人之末事耳不可無其本故云本之則無如之何洒色買反又所綺反掃素報反應抑證反重意如之何十內重言四重意六詳見爲政子夏聞之曰噫孔曰噫心不平之聲噫於其反言游過矣君子之道孰先傳焉孰後倦焉包曰言先傳業者必先厭倦故我門人先教以小事後將教以大道傳直專反注同倦其眷反重意季氏且爾言過矣譬諸草木區以別矣馬曰言大道與小道殊異譬如草木異類區別言學當以次區羌于反別彼列反注同君子之道

不滅性
經喪親
辭也

焉可誣也馬曰君子之道焉可使誣言我門人但能洒掃而已焉於虔反誣音無有始有卒者其唯聖人乎孔曰始終如一唯聖人耳卒子恤反○子夏曰仕而優則學馬曰行有餘力則以學文優音憂學而優則仕○子游曰喪致乎哀而止孔曰毁不滅性○子游曰吾友張也爲難能也包曰言子張容儀之難及然而未仁○曾子曰堂堂乎張也難與並爲仁矣鄭曰言子張容儀盛而於仁道薄也○曾子曰吾聞諸夫子人未有自致者也必也親喪乎馬曰言人雖未能自致盡於他事至於親喪必自致盡○曾子曰吾聞諸夫子孟莊子之孝也其他可能也其不改父之臣與父之政是難能也馬曰孟莊子魯大夫仲孫速也謂在諒陰之中父臣及父政雖有不善者不忍改也重言本篇吾聞諸夫

子上下文凡二。○孟氏使陽膚爲士師。包曰陽膚曾子弟子士師典獄之官膚方于反問於曾子曾子曰上失其道民散久矣如得其情則哀矜而勿喜馬曰民之離散爲輕漂犯法乃上之所爲非民之過當哀矜之勿自喜能得其情○子貢曰紂之不善不如是之甚也是以君子惡居下流天下之惡皆歸焉孔曰紂爲不善以喪天下後世憎甚之皆以天下之惡歸之於紂惡居烏路反○子貢曰君子之過也如日月之食焉過也人皆見之更也人皆仰之孔曰更改也更音庚○

五註 孟公孫丑下且古之君子過則改之今之君子過則順之古之君子其過也如日月之食民皆見之及其更也民皆仰之今之君子豈徒順之又從爲之辭

○衛公孫朝馬曰公孫朝衛大夫朝直遙反問於子貢曰仲尼焉學子貢曰文武之道未墜於地

在人。賢者識其大者。不賢者識其小者。莫不有文武之道焉。夫子焉不學。孔曰文武之道未墜落於地賢與不賢各有所識夫子無所不從學焉並於虔反墜直類反朱曰識音志而亦何常師之有。孔曰無所不從學故無常師

○叔孫武叔語大夫於朝馬曰魯大夫叔孫州仇武謚語魚據反朝直遙反曰。子貢賢於仲尼。子服景伯以告子貢。子貢曰。譬之宮牆。賜之牆也及肩。闚見室家之好。夫子之牆數仞。不得其門而入。不見宗廟之美。百官之富。得其門者或寡矣。包曰七尺曰仞闚棄規反好如字又呼報反夫子之云。不亦宜乎。包曰夫子謂武叔

○叔孫武叔毀仲尼。子貢曰。無以爲也。仲尼不可毀也。他人之賢者

音支 三襄二十九 傳多 疏也服虔 祇注適 文選西 頭多字 一音用之

丘陵也猶可踰也仲尼日月也無得而踰焉人雖欲自絕其何傷於日月乎多見其不知量也（言人雖自絕棄於日月其何能傷之乎適足自見其不知量也量音亮）

○陳子禽謂子貢曰子爲恭也仲尼豈賢於子乎子貢曰君子一言以爲知一言以爲不知言不可不慎也夫子之不可及也猶天之不可階而升也夫子之得邦家者（孔曰謂爲諸侯若卿大夫知音智下同）所謂立之斯立道之斯行綏之斯來動之斯和其生也榮其死也哀如之何其可及也（孔曰綏安也言孔子爲政其立教則無不立道之則莫不興行安之則遠者來至動之則莫不和睦故能生則榮顯死則哀痛道音導）

（重意）如之何十內重言四 重意六詳見爲政

子張

堯曰第二十 ○凡三章

堯曰咨爾舜天之曆數在爾躬曆數謂列次也允執其中。四海困窮天祿永終包曰允信也困極也永長也言為政信執其中則能窮極四海天祿所以長終舜亦以命禹孔曰舜亦以堯命己之辭命禹互註書大禹謨帝曰來禹天之曆數在汝躬汝終陟元后人心惟危道心惟微惟精惟一允執厥中至欽哉慎乃有位敬修其可願四海困窮天祿永終曰予小子履敢用玄牡敢昭告于皇皇后帝孔曰履殷湯名此伐桀告天之文殷家尚白未變夏禮故用玄牡皇大后君也大大君帝謂天帝也墨子引湯誓其辭若此牡茂后反有罪不敢赦包曰順天奉法有罪者不敢擅赦帝臣不蔽簡在帝心言桀居帝臣之位罪過不可隱蔽以其簡在天心故也蔽必世反朕躬有罪無以萬方萬方有罪罪在朕躬孔曰無以萬方萬方不與也萬方有罪我身之過互註書湯諧肆台小子將天命明威不敢赦敢用玄牡敢昭告于上天神后請罪有夏至爾萬有善朕弗敢蔽罪當朕躬弗敢自赦惟簡在上帝之心其爾萬方有罪在予一人予一人有罪無以爾萬方

周有大賚善人是富周周

家賚賜也言周家受天大賜富於善人有亂臣十人是也賚力代反

雖有周親不如仁人

孔曰親而不賢不忠則誅之管蔡是也仁人謂箕子微子來則用之

百姓有過在予一人

互註 書泰誓中雖有周親不如仁人百姓有過在予一人

謹權量審法度修廢官。四方之政行焉

包曰權秤也量斗斛量音亮注同

興滅國繼絕世舉逸民天下之民歸心焉所重民食喪祭

孔曰重民國之本也重食民之命也重喪所以盡哀重祭所以致敬 互註 書武成重民五教惟食喪祭

寬則得衆信則民任焉。敏則有功。公則說

孔曰言政教公平則民說矣凡此二帝三王所以治也故傳以示後世說音悅注同 重言 寬則得衆一敏則有功二陽貨本篇各一 重意 信則民任焉陽貨信則人

任焉。○子張問於孔子曰何如斯可以從政矣子曰尊五美屏四惡斯可以從政矣孔曰屏除也屏音丙重意何如凡十九詳見學而子張曰何謂五美子曰君子惠而不費勞而不怨欲而不貪泰而不驕威而不猛子張曰何謂惠而不費子曰因民之所利而利之斯不亦惠而不費乎王曰利民在政無費於財費芳味反下同重言勞而不怨二里仁本篇各一威而不猛二述而本篇各一重意子路君子泰而不驕本篇泰而不驕後文斯不亦泰而不驕乎擇可勞而勞之又誰怨欲仁而得仁又焉貪君子無衆寡無小大無敢慢孔曰言君子不以寡小而慢之焉於虔反慢武諫反重意述而求仁而得仁又何怨斯不亦泰而不驕乎君子正其衣冠尊其瞻視儼然人望而畏之其不亦威而不猛乎子張曰何謂四惡子曰不教而殺謂之虐不戒視成謂之暴馬曰不宿戒而責目前成為視成儼魚撿切慢令致期謂之賊孔曰與民無信而虛刻期猶之與人也出內之吝謂之有司孔曰謂財物俱當與人而吝嗇於出內惜難之此有司之任耳非人君之道出尺遂反又如字注同內如字又音納注同吝力刃反○

孔子曰不知命無以為君子也孔曰命謂窮達之分分扶問反不知禮無以立也不知言無以知人也馬曰聽言則別其是非也別彼列反

重意 季氏不學禮無以立

監本纂圖重言重意互註論語卷

右宋監本纂圖互注論語集解序後有劉氏天香書院之記八字木記又有魯國瑯里之圖一葉書中宋諱並缺筆唯敬字不缺蓋因已祧之故子蓋有不知而作章注不引朱氏曰識闇志則知此本刊于集注既行之後也今按其與注疏本尤異者若不患人之不己知章有注曰諺患己之無能知與皇疏本十卷本注疏合一貫章有注曰忠

以事上總以接下本一而已其唯人乎與岳本合見經解鉤沈
說孫章有注曰重稱君子者乃可名為君
子也與十卷注疏本合此並足訂近本之脫漏其他經
文尤異者君子疾疾沒世而名不稱焉名
作民曰啟問死無曰字與集注同可與言而不與之
言無之字窺見室家之好窺作闚出納
之吝納作內注文之尤異者其為人也之章孔子於
孔曰誤此注疏本吾十有五章有所成立也作立此亦注疏本誤

子游問孝章豕畜之畜作亥攴謂孔子章与為
政同与上有卹字禘自既灌章列尊屛列作别
此亦注疏本誤 里仁章里者仁之所居居作尻 此亦注疏本誤 公
冶長章縲絏攣也攣作纍令尹子文章姓
鬬名穀穀作𣫂 此亦注疏本誤 子在陳章狂〻簡
者吾以簡字雍也章孔曰以其能於簡無孔曰
二字子謂仲弓章騂赤也也作色 此亦注疏本誤 季
氏使閔子騫爲章託使者託作語我辭焉作

辭說賢哉回也章注人簞飯食良下有瓢飲二

字孟之反章前日殿殿作奔從誤博施章

皆怨乙怨作如賢識章無是行於我我上有

人字孔子言用行章孔子言子作曰文莫章

凡言文作言凡文字子有疾章不敢欺詐詐

作誕如有周公章周公者無者字才難章人

才難得人作大麻冕章下拜然後成禮後下

有丹字畏匡章未喪此文此作斯彌高章

有所序所作次反魯章反魯下無魯字
在川章言凡往也者無也字唐棣章而不自
見者見作得回也非助章無說說無無下有
所字厚葬章割止作制止長府章則可也無
也字善人章然亦不入入上有能字司馬牛章
孔子行作雞子作曰此亦汪録本誤棘子成章与犬羊
鞟鞟下有者字年饑章孔曰孰誰也無孔
曰二字辨惑章孔曰作包曰子張問志士章

其志慮志作念會字章字相切屢字作
爾仲弓問政章人將自擧其所知擧下有
之各擧二字此注疏本脫此多學章而一知之作一以
知之三年之喪章子生於歲於作未此注疏本誤
待孔子章聖從遂雖成成作行稱歸女樂章
廢朝禮三日無三日二字以荷蓧章不分植
五穀植作殖大師摯章居其河內其作於
大德章以德則不能不踰法至則字夏曰章

疏取而自家作家此並注疏誤凡此者雖不免亦有謬誤而其他者或與釋文合或與皇疏或與日本正平論語合皆證據鑿鑿優於注疏本其他字句亦有異同句末多有虛字不甚關出入者別詳札記按集解自集注盛行之後學者束諸高閣故有明一代唯存永懷堂一本然是從注疏本剝取非重刊宋本也

國朝唯惠定宇及見相臺岳氏本至
阮氏作校刊記並岳本不得見焉此本爲
自來著録家所不及即日本之罕知之
者唯吉漢官近聞寫筆載其所
見永正年古鈔論語有清原明經宣
賢父子跋其中依唐本補入二處即惠起子章與託
孤章與此本合而吉漢官亦不能指其據
何宋本此本爲琳瑯閣書估從日本西京

搜古來怪日本諸名人鑒定款識題無多
印記而通之前明名後訓尤為難得全以
重價購之至其雕鏤之精緻墨之
雅則有目共賞殆為希世之珍余
初擬攜歸時適定興查君賓臣一見心
醉不惜重金堅求得之余與紉佩重
刊此書者方藥雨序查君東歸不
果而

碩卿華君亦酷愛此書余亦與結

故重刻餉世

碩卿許讓乃綏而貴之昔錢牧齋

售漢書於季滄葦自稱如李後

主揮淚對宮娥此情此景非身

歷者焉知其沈痛也光緒丁亥正月

宜都楊守敬記

楊印守敬

又柳下惠以下論語注疏皆不附釋音此本獨載

之殊與宋本音義合且有足訂宋本之誤者